| 대한사이버문학 제22집 |

완장의 마법

http://cafe.daum.net/hankuk2003

오늘의문학사

완장의 마법

진정한 예술가의 고귀한 호칭

서 혜 원
(대한사이버문학 설립자)

2014년 4월 16일 여객선 "세월호"가 침몰하던 날, 대한민국에는 사고에 대처할 수 있는 훈련된 조직이 존재하지 않았습니다. "세월호" 참사는 긴급 사고에 대처하는 모든 시스템이 마비된 데서 비롯한 인재(人災)라고 해야 할 것입니다. 304명의 생명을 빼앗아간 청해진 해운 여객선 "세월호"의 실제적 주인, 기독교복음침례교회 회장은, 여객선 세월호의 안전보다는 화물 다량 적재를 위한 선내 구조 변경에만 투자를 한 것 같습니다.

기독교복음침례교회의 전(前) 회장은 종교를 통해 동원한 자금으로 사업을 해 그 수익금을 챙기고, 차명으로 국내외에 부동산을 구입해 재산을 은닉해 왔습니다.

그 사람의 범법 행위가 하나씩 드러나기 시작하면서 발견된 놀라운 사실 중 하나는, 그가 사진전시회를 연 사진작가이며 시집을 발간하기도 했다는 것입니다. 흔히 있는 시대의 사기꾼, 나쁜 사람으로 지나쳐버릴 수 있었으면 차라리 마음이 편안했을 것입니다.

언론에서는 예술가란 호칭을 붙여주지 않았지만 그들 세계에서는 사진작가나 시인으로 인정하고 있는 것 같아 씁쓸한 기분입니다. 왜냐하면 예술가라고 지칭하기엔 그의 삶은 너무 탐욕스러웠고 또한 그의 통 큰 탐욕은 "세월호" 참사라는 비극까지 불러왔기 때문입니다. "세월호" 참사로 그의 실체가 드러나지 않았더라면 종교지도자로, 사진작가와 시인으로 존경받는 삶을 충분히 영위할 수 있었을 것입니다.

어쨌든 종교지도자나 사업가로서의 카리스마에 영향을 주었던 것은 아마도 그 사람에게 잠재되어 있는 예술지향성인 듯합니다. 작품의 예술성은 작가의 올바른 삶과는 별개라고 하지만 이 사람에게 예술가라는 호칭은 그의 전체 삶처럼 기만이며 사기일 수밖에 없습니다. 앞으로 진정한 예술가의 고귀한 호칭이 범죄자에게 사기 당하는 일이 없었으면 하는 바램입니다. 아울러 "세월호" 참사 희생자들의 명복을 빕니다.

22호에 표지화를 주신 백규현 화백님! 감사합니다. 출판을 맡아 수고해 주신 오늘의 문학사 이영옥 편집장님! 감사합니다. 스물 두 번째 동인지에 작품을 주시고 출판비를 지원해 주신 대한사이버문학 동인님들! 수고 많으셨습니다. 님들의 빛나는 문운을 기원합니다.

2014.11

수필

마음을 나눠요

동화 · 단편소설

cafe.daum.ner/hankuk2003

대한사이버문학 22집

시 _ 류인복 절제 외

박덕균 CEO 외

서병달 고문관의 삶 외

서창원 원칙을 지키며 산다는 것 외

이동숙 동창회 외

최춘자 상사화 외

황의진 꽃상여 외

시조 _ 박은경 숲 외

이상야 빗방울 소묘 외

시_류인복

절제

하고 싶어도 하지 말며

하기 싫어도 해야 하고

할 수 있어도 안해야 하며

할 수 없으면 인정하라

· 1952년 남해 출생
· 노동부산하 노동문제연구원 수료
· 현재 회사원
· 대한사이버문학 동인
· e-mail : dng54@hanmail.net

오가는 세월

고개를 들어야 할 놈
선승처럼 묵언중인가 적막감 돌고
다소곳해야 할 넌
아침이슬을 머금은 풀잎이다

슬금슬금 장난질 하는 놈
또렷해야 할 동공에 물안개 일고
힐끔힐끔 뒤돌아보던 넌
청춘을 앗아가 버렸나

발길질에 천리를 도망가던 놈
이제는 아니라고 발목을 붙잡고
미소를 흘리던 넌
만면 채소밭에 이랑을 만든다

언제까지 혼자 갈 수 있다고
온 세상의 점령군이던 놈
찢어진 치맛자락을 휘날리는 넌
영원히 골방 주인으로 나를 모시려 한다

배반

나 아니면 안 된다고
풀비로 마름질하듯 미끈하던 말
그 때 알아들어야 했었는데

이제는
자기 세상이라고
우지좌지 하려한다
충돌로 빚어지는 빛바랜 사랑
충견이길 바란 건 다 허상이다
아옹다옹이 싫어서 침묵으로 일관하는 하루

자연은 섭리를 배반한 인간들에게
신종 플루로 일침을 가하나
누구도 피하는 답을 내놓지 못한다

시_박덕균

CEO

광활한 우주의 수많은 행성이
생성과 소멸의 수레바퀴에 휘둘려 사는 동안
별들은 삶의 노고를 마다치 않고 전쟁은 해야 했다

역사라는 심판대에 올려지나 올려지지 않거나
그들은 한결같이 스러져 갔지만
기억을 해주든 안 해주든 그들은 또 한결같이
하늘에 못을 박았다

역사에 올려지기를 고대하며 별을 꿈꾸는 이가 있는가?

천국의 별은 주님이라 하던데
발길에 차일 만큼 널려있는 별들은
지금 이 시간에도 넘어지고 일어나며 고행을 반복하거늘
그들은 어떻게 저울질해서 염라에게 보낼 것인가

· 1963년 경기도 여주 출생
· 여주고 졸업
· 2012년 〈문학사랑〉 시 부문 신인상 당선
· 문학사랑협의회 회원, 대한사이버문학 동인
· 문학사랑 50회 인터넷문학상 수상
· 게재된 글 – 대사문 제2호에 잔설외 1편, 제15호에 산 외 9편
· e-mail : pdkun@daum.net

소행성도 고뇌는 있다
전쟁은 밖에도 있고 안에도 있다
무엇을 위해 별들이 전쟁하고 있느냐 묻기 전에
전쟁을 하지 않고는 내가 없는 현실을 짚어봐야 한다.

오늘도 CEO는 단단히 무장하고 홀로 서 있다

저녁 차리기

국을 끓인다.
옛 맛을 살리기 위해 애를 쓴다.
고개가 갸웃

집안엔 참살이가 살아있고
잊어버리기 쉬운 맛은
세월에 젖어 버렸다

신구(新舊)의 갈등

옅은 맛에 물든 날들은
감당하기가 힘이 든다
고집이 흔들거리며
도움을 청하지만
홀로서기다

가뭄에 콩 나듯이
부는 바람
생은 그런 것인가
허무의 일탈(逸脫)

늑대의 독백

남자는 다 늑대라죠
그렇지만 늑대 짓은 흉내 몇 번 낸 게 전부예요
태생인지 환경 탓인지
그냥 곰처럼 살았어요.

약은 짓 한번 못해보고
슬기롭다거나 현명하다는 건
물 건너간 나룻배였죠.

근데 누가 상상이나 했겠어요.
제가 곰이란 게 차라리 나았죠.
살다 보니 여우는 제 역할이 아니었던 거죠
여우 짓 하는 놈들도 더러는 있어요.
정신 줄 놓은 놈들이죠.
지옥 문턱에서 턱을 내놓고 있는 거예요

얼마나 산다고
또 얼마나 가져간다고

여우같은 놈
곰 같은 년
그런 건 21세기가 낳은 돌연변이죠
살면서 중요한 건 제 역할을 하는 거죠

문득 이런 상상을 했어요
반 반 섞으면 어떨까
좋은 점도 있겠죠, 평준화가 되는 거예요
하지만 소름 끼칠 것 같아요
성형인간의 시대에 그게 그거 같은 삶
돌이킬 수 없는 숙제가 될 거예요

무개념(無槪念)이 판치는 세상
전 그냥 이렇게 살고 싶어요
설사 그것이 평범하고 가난한 곰일지라도
단, 늑대의 숨결은 조금 남겨 놓아야 할 것 같아요
판다(panda)가 되면 안 되거든요
평생 귀여움만 받고 살 수는 없잖아요

다람쥐 생계유지대책

북태평양 고기압에 물든 바람이
단풍들려고 꼼지락거리는 나뭇잎의
등을 살랑살랑 긁어대고
농익은 가을 햇살은 다 컸다고 바동대는 대봉의
마지막 채색에 정신없을 무렵
아파트 현관 앞 주차장에는 은박돗자리 위로
다람쥐의 겨울 식량이 여기저기 나뒹굴고 있었다

"많이 주우셨네요?"
"네, 많이 주었어요, 올해는 밤도 많아요."
동네 아줌마들 이곳저곳에서 도토리 말리기 운동에
동참하면서 싱글벙글 수다에 정신이 없다
"얼마나 주었수?
"조금밖에 못 주었어요, 두말밖에 안 돼요."
그렇구나, 두말밖에 안 되는구나
만물의 영장이 먹을 것이 없어서 몇 끼 식사로 때울 두말이
다람쥐에겐 긴긴 겨울을 날 소중한 목숨줄이거늘
고작 두말밖에 라니
다람쥐야, 너희도 이제 기아에 허덕이는 난민이 되는구나
어이하면 좋으냐
그 옛날 풀뿌리 뜯어먹고 살 때도
너희 목숨줄 축낸 것이 가슴에 남았거늘

이제 먹고 살만하니까 건강식품이라고
또 너희 목숨줄을 축내는구나

설악산에 첫눈이 내려 찬바람이 부쩍 거세졌다
농부들은 한해의 노력에 대한 막바지 수확이 한창이고
아낙들은 겨우살이 김장준비에 입이 먼저 바쁜데
허풍선이 국회는 눈치싸움에 여념이 없어
아직도 다람쥐 생계유지대책을 내놓지 않고 있다

여름휴가

“아빠, 오션월드에 간 지 꽤 됐죠?”
아들놈 지나가는 한마디에
다른 계획 다 접어두고
무작정 두 달을 기다렸다

제비뽑기까지 해서 어렵사리 구한
행운의 1박짜리 콘도이용권을 들고
이번엔 제대로 신나게 놀아보자
벼르고 별러 도착한 콘도

쓰벌, 집중호우다
낙뢰도 장난이 아니다
밥알을 소태처럼 씹으며 그치겠지
다른 소일거리를 찾아 위안을 삼으며
기다리니 저녁이다

오늘은 기필코 놀아보자 서둘러 눈을 뜨니
잠꾸러기 마누라 눈이 말똥말똥
“웬일이야?” 하니 나쁜 꿈을 꾸었단다
물놀이 하지 말잔다
아들놈 물가에 가지 말라는 걸 깜박했단다

……

올해도 이렇게 뜬금없이 휴가를 말아 먹었다

완장(腕章)의 마법

완장(腕章)은 힘인가?
아니다, 완장은 마법이다.
원했든 원치 않았든 완장은 차면
완장의 마법에 동화되는 것이다

자리가 사람을 만들 듯
완장은 사람을 숙성시킨다
선으로든
악으로든

사무치는 원에 의해 얻은 완장이
착한 마법을 가졌다고 믿지 못하듯
몸서리치며 마지못해 얻은 완장이
나쁜 마법을 가졌다고 생각지 않는다

제왕의 반지처럼
자이언트의 왕관처럼
완장은 완장 본연에 충실할 뿐

만약 당신이 완장의 노예가 되었다면
그건 완장의 마법 탓이 아니라
당신 자신의 의지가 그것을 원했기 때문일 것이다

병(病)과 사귀다

종합병원이 따로 있을까
태어나자마자 생사의 고비를
넘나들더니 한쪽 눈을 잃었다

환절기엔 알레르기 비염에 시달리고
속병으로 트림 한 번 제대로 못 하고 살았다

터진 디스크는 땜질을 하고 나니
시도 때도 없이 통증이 오고
주차장 앞 계단에 박치기한 어깨는
기중기의 한계를 줄여야 한다

일과 운동을 사랑한 무릎은
물이 차서 사부작사부작 걷기만 하라 하고
재수 옴 붙은 항문은 농양이 왔다고 하더니
이젠 치열이란다

어떡하라고
지금껏 미친 듯이 치열하게 살았거늘
얼마나 치열하게 살라고

친구들이 킬킬대며 농을 건넨다
종합병원 자유이용권을 끊어서 다니라고

정말 지랄용천이다
누군 아파지고 싶어서 아픈 줄 아나 보다

걱정이다
다음엔 또 어떤 병이 오려는지
우울증도 시나브로 오락가락하는데
마음은 바쁘고 몸은 병과 열렬히 사귀고 있다
헤어질 기약도 없이

스마트폰

문득 이런 생각을 했어
스마트폰이 내 영혼을 갉아먹고 있다는

석 달 전 스마트폰을 들고 책을 놓아 버렸지
거기엔 내가 상상했던 것보다도 더 많은 세상이 있었거든

언제 어디서나 간편하게 즐길 수 있는 인터넷바다에의 유영
무심결에 경쟁과 스트레스를 유발하는 중독성 게임들
카카오톡을 통한 무한한 문자와 정보의 공유

한동안 정신을 차릴 수가 없었어
일터에도 식탁에도 잠자리에도
심지어 술좌석에도 스마트폰의 영역에 있었던 거야
그 덕분에 직장에선 충전전쟁도 엄청나게 심해졌지

중노동도 상 중노동이었어
그 노동의 대가로 일상은 뿔뿔이 흩어지고
대화는 단절되고 뒷목까지 뻣뻣해지더군
더 어이가 없는 건
내 하나밖에 남지 않은 눈도 그 스마트폰이
갉아먹고 있었다는 거야

놓으려 했어
그런데 틈만 나면 자꾸 손이 가는 거야
그것이 새우깡도 아닌데 말이야
이래선 안 돼, 어떻게든 벗어나야 해
내가 스마트폰을 이용하는 거지
스마트폰이 날 지배하게 해서는 안 되는 거잖아

내가 스스로 깨우쳐 자제할 수 있다면
그보다 더 좋을 수는 없겠지
하지만 말이야, 지금이라도 방법이 있으면 알려줘
부탁할게

사랑과 정(情)

사랑보다 질긴 것이 정이라 하죠
그래서 세상은 정으로 산다고들 해요
그런데 정이란 말만 들어도 왜 이리 가슴이 답답하고
눈시울이 뜨거워지는지 모르겠어요

이런 글을 써도 될까요?

왜 아니 되겠어요
세상에 나쁜 사랑이 있을까요
세상에 나쁜 정이 있을까요
아무리 독한 사랑도 사랑은 아름다운 것처럼
아무리 미운 정도 정 하나만으로 고운 거예요

한 가지 모호한 건 있어요
사랑과 정은 어떻게 구분해야 할까요
집착과 미련은 어떻게 구분해야 할까요
거기서 거긴 거예요
사랑엔 집착이 없어야 진정한 사랑인 거죠
물론 정은 또 그렇게 미련이 없어야 해요

사람들은 사랑하며 살면서도
사랑을 부정하는 경우가 많아요

잘못 배운 사랑의 환상인 거죠
제발 사랑을 정으로 치부하지 마세요

사는 동안 매 순간 사랑하며 살아도
사랑은 늘 부족한 법이에요
사랑하는 마음속에 정이 있는 것이고
정으로 둘러대는 마음속에 사랑이 있는 거예요

자, 지금부터 우리 사랑하며 살아요
참 실속 있는 삶이 될 거예요
단, 질투는 조금 남겨 놓으세요
그것이 식어가는 사랑에 불씨가 될 수도 있을 거예요
또한 그것이 정(情)속에 감추어둔 사랑의 씨앗이 될 거예요

쓰레기 화장

우리 앞집 첫인상은 쓰레기다
현관 옆에 시장바구니 "구르마"를
떡하니 앉혀놓고 쓰레기를 쌓는다

사람은 처음 만남도 중요하지만
살아가며 겪어보면 더 좋아질 수도 있다
우리 앞집은 처음 만남도 쓰레기
나중 만남도 쓰레기다

아줌마도 자식들도
현관문만 빼꼼히 열고 쓰레기를 던진다
음료수병, 과자봉지, 피자박스
각양각색의 다양한 쓰레기가 쌓인다
계단 쪽 철문에는 허름한 글귀가 쓰여있다
"아줌마, 문 뒤에 쓰레기 버리지 마세요. 803호"

출근할 때도 쓰레기를 보고
퇴근할 때도 쓰레기를 본다
현관은 그 집의 얼굴이다
우리 앞집은
매일 쓰레기로 화장을 한다

고문관의 삶

두 눈 부릅뜨고 똑바로 걸으면서
할 말 다하며 사는 똑똑한 입을 가지고
한 세상 살아도 힘든 세상에
반쯤 눈 뜨고 팔자걸음 걸으면서
할 말도 다 못하는 어눌한 입을 가지고
한 세상 사는 것은 죽을 맛이다
죽을 맛을 안고 또 오늘을 사는 것은
운명이요
죽을 맛을 안고 또 내일을 기다리는 것은
숙명인가

· 경남 밀양
· 대한문학세계 시 부문 신인상
· 팔도문학, 대한사이버문학 동인
· 밀양문협 회원
· e-mail : smupil@hanmail.net

잔돈 육백 원

아침 送迎을 가서
영감님 한 분을 태웠더니
저 양반 허벅지에 피부병이 생겼다면서
병원에 데려가 진료를 받게 해달라며
할머니가 만 원을 주셨다

의원에 가서 진료비 내고
약국에 가서 약값 내니
육백 원이 남았다
저녁 送迎을 가서
할머니께 돌려드렸더니
수고비라며 기어이 안 받으려 해
정으로 치고 고맙다 인사하였다

다음 날 送迎 때
차에 타신 영감님이 건네주는
하얀 봉투 하나
만 원짜리 한 장이 들어 있다
미안해서 그런다며 받아두라 하신다
맛있는 거나 사서 드시라며 돌려 드렸다

그 다음 날 송영(送迎)가니
차에 타신 영감님이 보여주는
어제의 하얀 봉투
만 원은 너무 적은 것 같아
만 원을 더 넣었다 하신다
봉급 받고 하는 짓이니
미안해할 필요가 없으시다며
영감님 주머니에 넣어드렸다

잔돈 육백 원 받은 게
죄를 지은 것만 같다
되돌려 드릴 수는 없고
미안하기만 하다

내키지 않는 박수

카페 이름이 바뀌었다
영영영 문학과 음악사랑에서
공공공 가수 팬 카페로
일 년에 서너 번 들어가 볼까 말까하는
닉만 걸려 있는 카펜데
눈이 똥그래져 클릭했다
문학을 사랑한다지만
의욕이 부족하거나
능력이 미치지 못하는 것 같고
음악을 사랑한다지만 실력을
알 길이 없다
홍보용 동영상을 보면서
취기에 기분으로 부르는 노래라면
얼쑤! 추임새 넣으면서
들어줄 아량이 있다마는
가수라는 이름으로 부르는 노래라니
놀라 입을 다물 수 없다
막말로 가수 아무나 하나
제어기에 이상이 생긴 것 같다만
무식한 용기가 일을 내기도 한다고
사람 팔자 아무도 모르는 일
뒷걸음치다 혹 가재 잡을지
내키지는 않지만

격려의 박수는 쳐주자
강은 이미 건넜으니

개꿈

같은 길을 오간다

갈 때는 달렸지만
올 때는 기진맥진했다
갈 때는 콧노래
올 때는 욕도 나오지 않았다

기대는 설레었지만
설렘은 씁쓰레했고
억지 눈높이는
오래 맞출 수 없다

몽땅 개꿈
한잔 술만이
현실이다

경계경보

다시
취업전선에 나서야 하나 보다
나이는 들어가고
헛나이만 먹었어도
생존은 절실한 것
주인의식이 부족하다는
말하자면 2% 부족한 근무자세가
사주의 레이더망에 걸려
경계경보가 울리고
요격의 초점이 모이고 있다
좀 더 떠 있어야 하는데
떠나기가 다소 이른 것 같은데
내 마음이 남의 마음 같지 않고
남의 마음이 내 마음 같지 않은 것
버틸수록 노추는 드러나고
털어버리자니 다시
취업전선에 나서야 한다
생존은 절실한 것이어서

세월호 참사

과욕이 침몰했다
과욕을 얼버무렸던 사람들은
전전긍긍하고
과욕을 덮었던 사람들은
침묵하고 있다

꽃다운 생명들이
미래의 주인공들은
수중고혼이 됐다

하루를 울고
또 하루를 울 사람들
가슴속 눈물은
마를 날이 없다

아픈 마음 묻어두기

눈이라도 쏟아질 것 같은
오늘같이 짙게 흐린 날에는
말없이 떠나가 버린 그대가
문득 생각납니다.

차가운 저기 저 산에
하얗게 떠오르는 당신 모습
엷은 바람이
산자락을 휘돌아 가면
그대 모습도 슬몃슬몃
흩어집니다.

소매 깃만 스치어도
억겁의 인연
우리의 만남은 수억 겁의
인연이었던가

눈이라도 쏟아질 것 같은
오늘같이 짙게 흐린 날에는
말없이 떠나 가버린 그대 생각에
한잔 술로
마음을 달래봅니다

첫인상

협회장의 뒤를 따라
문학사 건물 2층 사무실에 들어서니
열네댓 명의 노인을 앉혀 놓고
시와 수필을 쓴다는
짜리몽땅한 여자노인이
자신의 문학적 열정을 자랑하면서
열변을 토하고 있다
동네를 돌아다니며
공짜 휴지도 주고
재미있는 구경거리도 있다면서
동네 노인들을 꼬드겨 승합차에 태워
천막 안에 모아놓고
건강식품을 바가지 씌우는 장면이
오버랩 된다
언제부터인가
문학을 이야기하는 현장에는
천막 안에 모인 동네 노인들처럼
머리카락 희끗희끗한 사람만이 모여
시와 수필을 이야기하면서
문학을 이야기하면서
어울려 사진도 찍으면서
밥도 먹고 술도 마시면서
희희낙락한다

명함은 퇴색되고
젊음은 사라지고 없는데
과거의 기억에 매달린 사람들이
우리만의 파티
실버 파티를 열고 있다
동병상련의 정이
가슴을 타고 흐른다

흰 머리

흰 머리가 많다고 한다
십사오 년 정도의 이력이니
새삼스러운 일은 아니다
다만, 흰 머리의 확산이
덧칠을 재촉하는 것 같아
조금은 심란스럽다
방황하던 놈이 심기일전하듯
본래의 모습으로 돌아올지 모른다는
요행성 기대가 있어
미적거려 됐던 덧칠
나잇값이라도 하면
백발을 휘날려 보련만
그러지도 못하여
덧칠용 시료를
검색해 본다

물

평소
세력이 약할 때면
유순하고 부드럽다
겸손하기까지 하다
세력을 얻는 순간
폭거는 거침이 없다
아비규환의 지옥이 연출된다

손자병법에 달통했다
움츠릴 때를 알고
기다릴 줄을 알고
기회를 볼 줄 아는 것이
세상의 속성을 빼어
닮았다

시_서창원

원칙을 지키며 산다는 것

원칙 없는 삶이란
값어치 없고 무의미하다

하지만, 한 치의 오차 없이
정한 잣대에 모든 것을 적용하며
지낸다는 것은 더 어리석은 일

강한 태풍이 닥쳐왔을 때,
굽힐 줄 모르고 뻣뻣했던 나무는
결국, 꺾이고 뿌리까지 뽑혀
죽음을 맞지 않던가?

위태롭게 자신이 흔들리면서도
타인에게 흔쾌히 자리를 내주는 나무는

· 文惠 서창원
· 1962년 6월 3일(음력) 강원도 철원 출생
· 강원대학교 식품공학과 졸업
· 서울메트로 재직
· 이메일:scw62@hanmail.

아름다운 개화와 튼실한 결실을
분명코 보답 받는 자명한 사실…

원칙을 지키며 산다는 것
절대적으로 필요한 일이지만,
지나치면 소중했던 전부가 유실되거나
자신이 오히려 그 속에 고립되어
영원히 벗어날 수 없음을.

미러(mirror)

나는 가끔씩 다른 사람에게 드러내고 싶지 않아
내 마음 깊숙한 곳에 나를 감추곤 했었다
내가 무엇을 하고 있을까 궁금해 하며 방문을 하는
사람이 왔을 때에도 미동도 않고 꼭꼭 숨어 그를
조용히 지켜봤을 뿐, 어느 누구도 만나고 싶지 않을 때가
나이가 들면 들수록 더욱 많아지기 시작했다
이젠 세상의 모든 사람들이 나를 영영 잊으면 어찌할까 라는
두려움도 사라진 지 오래, 한편으론 불편함 없이
편하게 살 수 있다고 생각하고 있었는데
여전히 내 마음의 사각지대까지 거울을 비추며 쫓는
누군가가 있다는 생각을 끝까지 지울 수 없어
그 곳도 안전한 곳이 아님을 절실히 느꼈다

이장(里長)님의 전보(轉補)

아버지께선 고향 철원에서
이장을 맡고 계셨다 한다
6.25 땐, 동네 사람들을 영월로
안전하게 피신시키고
수복(收復)후에는 그들을 모시고
다시 돌아오셔서 정착하는데
밤낮을 가리지 않으셨단다
현명한 판단과 뛰어난 달필로
일처리를 잘하시어 모든 이로부터
칭찬과 존경을 받으셨던 당신
가셔서도 걱정이 되셨는지
일 생기면 금방 뛰어 오실 지척에서
이십 오년 이상 마을을 지키셨다
"아버지, 매연도 심해지고
이제는 다들 잘하고 있는데요."
"아냐, 이 눔아. 아직도 볼 일이 많은데
왜 그리 난리들이냐?"
온 가족 간신히 설득하여
볕 잘 들고 창창한 솔(松) 아래서
장관스런 명성산의 사계를
맘껏 즐기시며 편히 쉬시라고
고이고이 모셔드렸다

영영 머물며 사랑해야 할 사람

겨울이 가을을 지우고
봄이 겨울을 지우듯

세월이 흘러가면
모든 것 지워지건만

어쩌면 미움의 날들이
더 많았던 우리 사이

쓸쓸히 발길 돌리며
잊으려 안간힘 썼지만

오히려 그 것들 조차
알알이 가슴에 박혀

뺄 수 없는 사랑으로
자리 잡고 말았네

오오! 그대 곁에 머물며
영영 사랑해야 할 사람

긴급 작전 회의

— 근로자소득공제 축소 안에 맞춰

그래, 그래 고 놈들 모가지
더 죄고 확 비틀어 짜
피눈물 한 방울 안 나올 때까지
숨이 막혀 켁켁거리며
우리에게 팔질 발질 악을 쓰며 달려들면
가차 없이 두들겨 패
아무도 모르게 조용히 가둬버려

후훗, 언론이라면 아직도
진실하다고 뒷짐 지고 옹호하며
믿고 있는 순수한 것들에게
고 것들이 어려운데 지랄들하고 있다고
슬쩍 몰이를 해봐
그러면 눈 까뒤집고 입 닥쳐라
윽박지를 것이고
감쪽같이 우리 책임은.

야금야금 자잘한 것 베먹는 재미
세상에서 가장 쏠쏠한 줄
누가 알랴. 안 그래?

나의 인생 안에서

앞에서 걷는 사람이 있다
오른쪽으로 돌아가
추월하려고 하면
왼쪽에서 걷던 그가 어느 새
앞을 가로막고 서 있고
반대쪽으로 방향 틀어
추월하려 시도하면
여지없이 내 앞을
또 가로막고 서 있다
이젠, 난
다른 길로 걷는 것 같으면서
같은 길로 걷고 있고
같은 길로 걷는 것 같으면서
다른 길로 걷고 있는
그러나 나의 시야에서
좀처럼 벗어나지 않는
그를 추월할 생각 전혀 없다
묵묵히 그를 따를 뿐이다

철쭉꽃

어디서 봤지?
저 여자
가물가물 기억이
잘…
오, 그래
실연하고 술 취해
무작정 걷는데
희미한 불빛 창가 앞
연초록 치마와
진분홍 윗저고리
살짝 걸치고 앉아
야릇한 손짓으로
날 꼬셔대던,
더 내놔라
더 내놔라
악다구니 쓰면서
사타구니 밑까지
샅샅 뒤져 내쫓던
독살스런 고 오 년

겨울 할머니

지하철역 구내식당에서
하루 한 끼만 드시는 할머니
그득 담긴 허탈(虛脫) 밥에
좌절 반찬을 드시곤
눈물을 마신단다
하나 뿐인 아들 놈 위해
초등교육에 평생 투신하며
박사까지 만들어 놓았더니
엄마 살던 집까지 몰래 팔아
미국으로 지들끼리
훌쩍 떠나버리고
물과 전기 모두 끊은 매수자는
빨리 집 비우라 독촉하더란다
자식이 하나라도 있으면
생활보호 대상자도 안 된다며
하얀 눈물 주섬주섬 거둬들고
식당 문을 나서던 당신
이 추운 겨울 어디에서
따뜻한 밥 한 그릇이라도
드시고 계신지요?

실패한 이에게 목련나무의 충고

그래 나의 얘기를 두서없이 말하겠지만
잘 알아서 들어
네가 철석같이 믿고 의지했던 사람들이 떠나서
인복이 없고 배신감만 느낀다고 내게 얘기하는데
날 좀 봐

이 세상엔 영겁(永劫)토록 즐길 그 무엇이
아무것도 없다고 생각하고 내게 찾아왔던
휘황찬란한 영광을 애초부터 반기지 않았어

일시적으로 내게 달라붙었던 그들을 떼어내느라고
잠시 열병을 앓았지만 지금엔 내 발밑에 떨어져
지저분하게 썩고 있는 그들을 보며 이렇게 홀가분하게
웃게 될 줄이야

어차피 우리는 혼자잖아
한 때의 기쁨을 얻으려고 발버둥치는 것보다
영원히 슬픔에 상처입지 않으려고
마음을 다스리는 게 더 나을 것이야

그러니까 너무 슬퍼하지 마
나도 이렇게 혼자서 여유롭게
잘 살고 있잖아
너도 꼭 그렇게 될 거야

성북역엔 언제나 보름달이 뜬다

인천행 열차가 성북역에 멈추더니
구슬픈 노래 싣고 다시 떠난다

흉한 세상이 보기 싫었을까?
검은 안경을 쓴 채 자신이 걸어 온
길 만큼이나 늘어진 가방을 맨 그

어쩌면 굴곡 많았던 자신의 삶처럼
다른 칸으로 옮겨갈 때마다
휘청휘청 지팡이로 중심을 잡았다

목에 굵은 힘줄이 튀어나오도록
노래하며 내딛는 초록색 바구니엔
몇 개의 동전만 짤랑거릴 뿐

그 속엔 침묵과 방관의 무거운
답례품들로 가득 채워져 있었다

포말로 부서지는 인천 앞 바다에
모든 것을 후련하게 떠나보낸 그
내일이면 모든 이에게 짜게 밴 여유로움을
가져다 줄 희망을 대신 담고

밤하늘의 보름달이 환하게 웃으며
그를 맞는 성북역에 다시 내렸다

시_이동숙

동창회

보릿고개 시절 같은 시대에 태어나
다른 모습 다른 환경에서 살았어도
우리 이렇게 기적처럼 만나
벗이라 칭하며 맺은 인연입니다

내 생각과 그대 생각이 조금 다를 지라도
서로 양보하며 조율하여 허물없이 만나 웃을 수 있고
더 나이 들어 호호 백발 되어도
여전히 벗이라 칭하는 좋은 인연이고 싶습니다

내가 그대 같지 않아도
사는 모습이 달라도
먼 곳에 있어도
매일 안부전화 안 해도
그대 언제나 내 벗이라 부르겠습니다

· 1960년 경남 거창 출생
· 2005년 〈월간문학21〉 등단
· 현재 경기도 광탄면 발랑리 거주
· 대한사이버문학 동인
· 시집 [말이 고픈 날](2013) 발간
· E-mail : dongsook1118@hanmail.net

내가 그대를 걱정하고
그대 또한 나를 그리워한다면
그대 내 영원한 벗입니다

혹시 내 맘에 그대가 서운하고
행여 그대 맘에 내가 서운해도
그대 항상 내 그리운 고향입니다

그대
내 좋은 벗입니다
이 인연이 영원하기를

딱하다

집안에서 키워야 하는 요크샤를
베란다에 내놓아
늘 미안한데
개늑시의 시간
숨 넘어 가듯 무언가를 향해 짓는다
생쥐라도 있나
불을 켜고 보니
어찌 올라 왔는지
사마귀 한 마리가 오도 가도 못하고
강아지 앞에서 버티고 있다
요크샤도 딱하고
사마귀 또한 딱하지만
못 본 척 눈 감고 창문 닫는
나도 딱하다
닫힌 문이 서운한지
캉캉 짖어 하늘이 소란하다

미안해요

거꾸로 가는
시간 열차를 탄 그녀
딸이 만든 흑임자죽 한 종지 비우고
맛있다
맛있다
희미한 웃음이 얼굴에 번진다
더 드시라 권해도
수발하는 딸 힘들까봐
아니라 손사래를 치신다
일흔 아홉 번째 생신날
한사코 말리는 손
모른척하고
다음을 기약 할 수 없는
미어짐으로 큰절을 한다

엄마
미안해요

민들레

모처럼 놀러온 손자가
할머니 얼굴이 민들레꽃 닮았단다
돋보기를 쓰고 봤다
찬찬히
정말 민들레꽃을 닮았다
허둥지둥
서둘러
꽃집을 열었다가
그냥 덮었다
침상의 누워있던 민들레가
투박한 남편의 손을 잡고 묻는다.
여보, 나 수술 잘했어요.
으…응
간신히 답을 하고
마음을 숨기며
꽃대를 쓰다듬다 속울음을 울었다

발랑리의 그믐밤

숲을 흔드는
말매미 우는 소리와
귀뚜라미 우는 소리
섞여서 들리는
해넘이의 시간이 지난다
달맞이꽃이 한낮의 열기를 견디고
밤을 맞이한다
달은 뜨지 않고
가로등이
여물어 가는 밤송이를 지키고 있다
붉은 우체통을 점령하고
낮 동안 부산이도 움직이던 말벌들이 잠든다

달맞이 꽃
여전히 잠들지 못하고
그믐밤 하늘을 올려다보고 있다

비 젖은 시간

비 젖은 시간이
서둘러서 재를 넘고 있다
미처
챙기지 못한 몇 송이 백합을 두고서

공터에 남겨 둔 기억 한 조각
아카시아 꽃이 복주머니처럼 매달려
벌 나비를 부르고
이팝나무 꽃이 지겹게 피고
넝쿨장미가 담벼락을 타고 넘는 계절
한 밤에 담을 넘는 바람처럼
슬그머니 시간이 지난다
밭이랑 자색 감자 꽃이
여름을 부른다

잘 가라
비에 젖은 시간이여

얼어버린 조각

올봄 살구꽃이
조금씩 입술을 열 때
겨울왕국이 다시 몰려와
꽃들을 밖으로 내몰았다
얼어 버린
가지하나
바람에 부러져
개울가에 나뒹군다
가지를 주워다
새끼 놓고 칠일 만에 죽은 복희 옆
밭고랑 경계에 묻어 주었다

가지를 묻고 돌아서는데
어느 해 봄 묻은 내 심장 한 조각이
발자국을 따라 오고 있다

속빈무

무 한개 꺼내와 반을 잘랐더니
속에 바람이 들어 푸석하다

어릴 적 뒷마당 한켠
허름한 김치광 옆
애장터 같이 볼록 나온 무 저장고
베개처럼 짚으로 만든 마개를 뽑고
조선무 한 바구니 꺼내어
부엌으로 오신 어머니
무쇠 칼로 반을 자르시고는
나 닮아서 속 비고 썩었구나
그 말씀 귀 흘려들었는데

나 지금 어머니 나이가 되어
자식들 출가시키고
뼛속까지 텅 비어선지
무릎에서 찬바람 나온다

속빈 무 쳐다보니
내 이야기책으로 엮으면 열권도 넘는다며
속으로 삼키시던
늘 말 고팠던 내 어머니
한줌 재가 된 지금도 여전히 그러실까

어머니
지금도 말 고프신지요

허기짐

기말고사를 이틀 앞둔
허기진 밤
한동안 점도 하나 찍지 못하던
시가 쓰고 싶어졌다
이 시답잖은 것도 공부라고
머리에 들어오지도 않는 책 펴느라
점 하나 찍기도 얼마나 무거운지
시가 뭘까
모르겠다
그냥
.
하나 찍고
시작 노트를 덮었다

시_최춘자

상사화

기어이 피었지만
설움으로 떨어 꽃피었지만
보듬을 그대 없네요

가도 가도 그리운 길
억장이 무너진 그대로
부끄러워 다소곳한 꽃 대궁

오신다는 기별이야 없었지만
그래도 행여 오실까
꽃마음 열고 또 열길 얼마였나요

기어이 피었지만
알알이 연분홍 피멍으로 꽃피었지만
살포시 손잡을 그대 없네요.

· 필명 : 모은(慕恩) · 계간 〈문예춘추〉 시부문 신인상
· 대한사이버문학 12,14,15,16,18,19,20,21,22호 공저
· 2009,2011 마음에 평안을 주는 시 공저. "카론의 강" 공저
· 2010 김시습문학상 수상. 2010미국 에피포트 문학상 수상
· 저서 1시집 『삶이 없어도 그대 사랑이라면』
2시집 『내 사랑이 머문 자리』
· E-mail : ccj312@hanmail.net

당신의 숨결로

향기 없는 꽃이라도 좋습니다
비바람에 스러지지 않는
낮은 자리에서 환하고
소소한 들꽃이게 하소서
햇살이 내려앉는 꽃잎 자리마다
성령이 가득하여
잃었던 사랑을 되찾게 하소서

초라한 사랑이라도 좋습니다
척박한 황야 외진 땅으로
가늘게 흐르는
푸른 물살의 사랑이게 하소서
배려와 복종으로
이웃의 눈물을 닦게 하소서

멀리 가지 않는 노래라도 좋습니다
살아있는 모든 생명이
아픔으로 존재한다는
연민의 눈길로 살게 하소서
눈물 어린 참회로
진정 기쁜 복음을 노래하게 하소서

눈부시지 않은 아침이라도 좋습니다

나뭇가지에 앉아 지저귀는
어린 새의 송가마저
하느님의 음성임을 알게 하소서
당신의 숨결로
세상의 모든 아침을 천국으로 맞이하게 하소서

잡초에 꽃 피듯 삭막한 가슴마다
오늘처럼 내일도
향기로운 꿀 향이 흐르게 하소서
나눔의 기쁨으로 하나 되어
매일의 삶 속에 거룩한 은총을 받은
희망의 성전에 감사의 기도 드리게 하소서.

새

새가 노래한다
기쁨도 슬픔도
노래로 번역한다

목젖 아래로
아픔을 꾹꾹 누른 힘으로
단순한 가락을 반복한다

날개로 비상하는 게 아니구나

가벼운 노래의 부력으로
높고 외로이
새가 날아간다.

지난 세월

꿈결같이 피어난 행복한 순간들
안개처럼 살며시 피어오르고

붙잡지 못한 사랑 안타까운 사랑
주어진 인연의 짧은 시간들

사랑을 알아차릴 여유도 없이
그대 떠난 후 사랑인 줄 알았어

어느새 빼앗겨 버린 나의 마음
찾을 수 없는 잊을 수 없는 지난 세월

보고프다 말할까 그립다 말할까
내 가슴에 빈자리 그리움만 남았어.

해바라기 사랑

얼마나 좋으면 그렇게
그렇게 좋을까
아침부터 저녁까지
둥근 해만 바라 봐

둥근 해 서산에 지면
작별의 아쉬움에
고개 숙여
보고픔에 눈물만 흐르네

밤새 기다림으로
멍든 가슴 맴돌다
여명 빛에 따라 가는
해바라기 사랑

그대만을 바라봐
둥근 해만 바라봐
그대만을 바라봐
해바라기 사랑.

이별의 슬픔

내 가슴을 태우는 노을 속에서
뜨겁게 다가오는 너의 모습
눈물이 고인다

기다림으로 지친 나를 가둔 채
이별의 슬픔이
노을빛으로 피었다가
스치듯 지나간다

이 마음 흔들어 놓고
사라져 가버린
너의 뒷모습에 나만 울었다

보고프다 보고픈 사람
그립다 그리운 사람
잊으려 잊으려 해도
잊을 수 없는 사람.

이런 나를

바라만 보아도
좋은 걸 어쩌나
눈 속에 가두고
싶은 걸 어쩌나

생각만 해봐도
미소가 번지고
달려만 가고 싶어
그런 걸 어쩌나

내 모든 걸 다 주어도
어쩔 수 없어
아깝지도 않은 것을
그런 걸 어쩌나

살며시 그대 품에
안기고 싶은 걸
정말 이런 나를
어쩌면 좋아

살며시 그대 품에
안기고 싶은 걸 어쩌나
정말 이런 나를
어쩌면 좋아.

나도 모르게

그대 다가오는 소리가 들려요
떨리는 이 가슴 어찌할까요

언제인지 모르게
따스하게 전해오는 당신의 온기

서로 마주친 눈빛으로
내 곁에 다가와
사랑의 늪으로
그대 함께 가려 합니다

영원히 변치 않는 그대의 사랑
아낌없는 행복만이 남아있어요

나도 모르게 다가온 사람 함께 할게요
나도 모르게 다가온 행복 함께 나누어요.

사랑의 축복

이 세상에 하나뿐인
우리의 사랑
수많은 사람 중에
인연이었지

내 가슴 속 깊이
조이도록
날 차지해 버린
뜨거운 당신

세월이 흘러서
비바람 불어도
멈추지 않는

사랑의 축복이
우리의 가슴에
가득하도록
함께 하는 날까지 영원히
하나뿐인 우리의 사랑.

은빛 향기

따사로운 은빛으로
다가오신 오월이여
온 세상을 아름답게
꽃피우신 은빛 향기

아지랑이 아롱거리며
손짓하는 저 푸른 들길에
종달새 지저귀는 숲 속을 지나
살랑대는 바람으로 오신 오월

벌 나비들 춤을 추며
찾아오신 은빛 향기

시_황의진

꽃상여

목메어 지나온 길
되돌아보니
눈물 어려 보이지 않네
꽃상여 타고
편히 누운 친구야
굽이굽이 내를 돌아
황혼이 걸린 산마루 넘으면
사무치게 그리워도
다시 오지 못하네

· 1944년 7월 4일생
· 직업 황포농산 경영
· 대한사이버문학 동인. 문학사랑문인협회회원
· 2014.문학사랑 52회 인터넷문학상 수상
· 시집 [임진강](2013) 발간
· 전화 :010-2624-2549
· E-mail : hej4@hanmail.net

땅콩

긴 손톱으로 한 알 집어
입술에 닿지 않게
싸우는 개처럼 이빨을 드러내어
잘라 먹기도 했다

땀이 흥건한 손으로
한주먹 쥐어서 몇 알 먹고는
획 집어던진다.

아스팔트에 떨어지면
구둣발로 밟아
두 쪽으로 갈라져
씨눈이 튀어나왔다

우리는 기력이 없어
굴러가지도 못 한다
그저 껍질 속에 눈을 감고
바람 불기만 바랄 뿐이다

비탈진 곳에 자리 잡고
한겨울 지나 따스한 봄에
촉촉한 비를 기다릴 뿐이다

고독사

먼저 간 친구가
술상을 봐놓고
날 기다리고 있을 거야
할아버지는 공원 벤치에 앉는다
손등에 베짱이 한 마리 날아와 앉았다
날이 추운데 살아 있구나
대단하구나 대단해

눈이다
눈이 와요 눈이다
계집아이가 소리치며 옆에 와 앉는다
너는 수수부꾸미를 좋아하니
싫어요 난 그딴 거 안 먹어요
할아버지 젊었을 땐 배가 많이 고팠단다
그땐 부꾸미가 최고였지

이젠 배가 안 고파 배가 고팠으면 좋겠다
꿀맛 같던 부꾸미 좀 먹어보게
계집아이가 벤치로 또 뛰어왔다
너는 무엇이 좋아 그렇게 웃니
가지 말고 나하고 같이 놀자
아니에요 할아버지
계집아이는 일어나 뛰어간다

사방이 고요하다
할아버지는 눈을 감고
술상을 봐놓고 기다릴 친구를 만나러 떠난다
찬바람에 눈발이 멎는다

떠날 때

내가 섧게 울던 밤
폭우가 쏟아져
깨끗해진 감악산 앞에
마주앉았다

잠시 후
버스에 몸을 싣고
손을 흔들며 떠날 때
감악산은 서서히 돌아앉는다

버스의 마지막 울부짖음에
까마귀 까오까오 하늘에 떠있고
감악산 뺨을 스친 바람만
내 머리 위에 운다

바람

얼음 위에 모여 있던
철새 떠난 뒤
곱게 흐르는 임진강
홀로 떠있는 고깃배엔
어부의 뾰족한 눈동자
살진 숭어 엉덩이를 찌른다
지느러미 펄쩍 뛰어
물속에 잠든 철쭉꽃 속으로
깊숙이 숨는다
엿보던 물새
아쉬워 기웃거리는데
불현듯 스치는
첫사랑 먼 내음새
울적한 마음에
비릿한 바람이 눈물을 뿌린다

야호바위

신랑이 돈 벌러 이라크 가고
야호댁은 봄바람이 외로워
안산 바위에 올라
남정네와 야호를 외쳤다

신랑이 올 때쯤
어린 딸을 두고 떠났다
이때부터 안산바위를
야호 바위라 불렀다

천근 엉덩이로 산자락을 누르고
섹시하게 앉은 야호바위는
야호댁의 사연이 안쓰러운지
동네만 굽어보고 있다

연이 맞아야

병에도 체질별로 약이 맞아야하고
신에도 취향이 맞아야한다

가나는 예수님 믿고 병이 나았고
나는 아스피린 먹고 고쳤고

다라는 알라님 믿고 병이 나았고
나는 게보린 먹고 고쳤고

마바는 공자님 모시고 병이 나았고
나는 판토 먹고 고쳤고

복숭아나무

열매를 주렁주렁 단채
나뭇가지는 태풍에 세 갈래로 찢어졌다
나무가 시들어 가는 동안 복숭아는 빨갛게 익었다
이듬해 봄에 복숭아나무 싹이 나오지 않고 몸통이 썩어가고 있다
자식들 위해 위험도 마다치 않던 어머니는
아비 없이 우리 오 남매 잘 키워 출가시키고
몇 년 전 하시던 사업이 힘겨워 부도를 맞으셨다
그해로 쓰러지신 어머니는 다시 못 일어나시고
노인 요양원에서 몸통이 썩어가고 계신다
성공한 오 남매는 바쁘다는 이유로
당번을 정해서 어머니께 가끔 들른다
주름으로 조각 천 이어놓듯 구겨진 얼굴에 애써 미소 지으며
바쁜데 뭐 하러 왔어 하고 손을 내미신다
세 갈래로 찢어져 말라가던 복숭아나무 가지처럼 앙상하다
자식들 잘 키워내신 저손은 자신의 몸통도 돌볼 수 없게 되었다
저손에 다닥다닥 붙어 뜯어먹고 뒹굴던 자식들도 제 갈 길로 가버린
텅 빈 저 손처럼 어머니의 가슴속도 허무할 것이다
나는 미어지는 가슴으로 돌아와
썩어가는 복숭아나무 부여잡고 어머니 생각에
눈물이 펑펑 쏟아진다

사랑

나를 진정 사랑한다면
나의 비수를 가슴으로 받아보세요
당신은 모든 걸 잊고 편히 잠들겠지만
나의 가슴엔 천 개의 비수가 살아서
가슴속에서 매일 춤을 출 거예요
이건 죽은 사람 위에 산 사람의 고통이에요
이젠 당신의 비수를 받을게요
그럼 고향엘 같이 갈 수 있어요
고향엔 언제나 당신이 있지요
당신이 있는 곳엔 별들이 하얗게 흐르고 있지요
흐름이 멈추는 곳에 별들이 쌓여있지
반짝임도 보이지 않고
오래된 세월 속에 모두 녹아 벼렸거든요
이젠 내가 녹을 차례예요

서민경제

벌판에 영양이 있다네
사자의 배를 불리려고
열심히 살을 찌운다네
먹구름이 비를 뿌린다네
영양이 비를 피해 계곡으로 내려가면
사자가 기다리고 있다네
하늘은 영양을 몰아주고
사자는 배를 채운다네

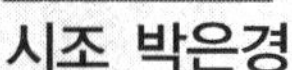

숲

선운사 동백숲에 길 잃은 나그네야
피 멍든 가슴에서 꽃송이 떨어지니
오던 길 되짚어가며 어머니를 부르네

죽림원 대숲길을 천천히 걷노라면
선비의 절개인가 동학의 절규인가
서늘한 바람소리가 등골 사이 흐르네

산 중턱 소나무 숲 외로운 무덤 하나
인적은 끊어지고 산짐승만 문안하네
솔방울 툭 떨어지니 다람쥐만 쪼르르

서울의 복판에서 길을 잃고 우왕좌왕
빌딩 숲 사이사이 아무리 둘러봐도
새소리 바람, 물소리 찾을 길이 없구나

· 1961. 10. 14(음) 서울
· 〈문학사랑〉 수필부문 신인상 당선
· 서울에서 고교 마치고 미국으로 건너가 어학과 교육신학을 마침
· 문학사랑협의회 회원, 대한사이버문학 동인
· 문학사랑 51회 인터넷문학상 수상
· 현재 미네소타 주에 거주
· e-mail : ugk7439@hanmail.net

향수

부풀은 꿈을 안고 찾아온 미국 대륙
들뜨고 설레던 맘 아직도 여전한지
혹시나 인종 차별로 고생하진 않는지

법치국 좋은 나라 그래서 힘들수도
말로도 해결할 걸 법으로 따져 들어
중산층 등골 빼 먹는 종업원들 얄미워

그래도 내가 원해 들어와 사는 나라
힘들고 어려워도 적응해 살아야지
두고 온 고향을 향해 돌아가는 날까지

백일장

백일장 글 써 본 게 언제 적 이야기냐
일기도 포기한 지 오래전 얘기건만
장구와 북을 치면서 잔치하면 좋겠네

백문이 불여일견 눈으로 보아야해
일부러 님들 보러 비행기 타고가면
장닭이 암닭을 보듯 반겨줄까 기대해

백두산 멀리 있어 꿈에도 그립구나
일찍이 선조들의 기개가 서린 그 곳
장백산, 이름 고쳐도 우리 땅이 분명해

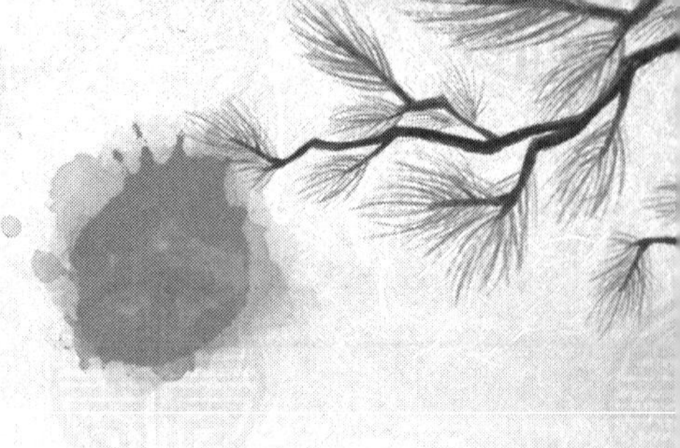

시조_이상야

빗방울 소묘

동 동 동 떨어지는 자수정 저 빗방울
오륜기 만들기에 이리 저리 바쁘다.
황토 흙 고향 냄새가
자욱이 퍼져간다.

실로폰 치는 소리,
박수소리 들리고,
물 머금은 여린 풀잎
조막손도 활짝 편다.
마른 땅 두드리는 빗물
월계관 만드는 중

· 1956년 서울 출생
· 한울문학 시로 등단, 문학사랑 시조로 등단
· 문학사랑문인협회 회원, 열린시조학회 회원, 한국문인협회 회원
· 대한사이버문학 동인
· 문학사랑 제18회 인터넷문학상 수상
· 시집 [풍경소리] 출간(2009)
· E-mail : 15725@hanmail.net

미륵보살

저기 저 머리위에 묵직한 돌 바구니
하루도 이틀도 아닌 날마다 이고서서
큰 장날 기다리고 있다 돌부처 어머니

눈이 오나 비가와도 허리 펴고 저리서서
땀방울 빗방울도 온전히 맞아가며
몸으로 버티고 있다.
천형의 길을 간다.

주름진 눈가에도 늘 미소가 흐르고
올망졸망 모여 앉은 식솔들이 희망이다.
활짝 핀 연꽃잎이다.
오늘은 웃음바다.

넝쿨장미

담장 밖 긴 목 내민
꼬마숙녀 매혹적이다.

엄마 몰래 립스틱
진하게 잔뜩 바르고

눈웃음
애교가 넘친다.
짧은치마 팔랑이며

가을 초승달

고봉밥 지어 먹고
사냥감 찾고 있는

저녁하늘 초승달
활시위를 당겨 본다.

한 무리
기러기 떼들
소리치며 날아간다.

가시나무새

1. 낚시
놔준 붕어 다시 돌아와 바늘 끝에 매달린다.
못 잊어 다시 왔다는 듯 해진 입술 벌리며

안 된다.
쳇바퀴 인생
다시 가라 놓아 준다.

2. 미련
술에 절어 요양원에서 앞서 간 남편에게
징그럽다. 원수다. 악다구니 쓰던 그녀

뒤따라
먼 길 가면서,
그 남자 곁에 간다한다.

3. 망각
골방에서 몇 년 째 바깥세상과 담쌓은 여자
봄 냄새 흠흠 맡더니
옷매무새 날개 같다.

좋은 날
다시 찾은 듯
발놀림도 까치발이다.

cafe.daum.ner/hankuk2003

대한사이버문학 22집

수필_

박덕균 눈이 침침하다 외
박은경 김치 캠프 외
백규현 직업
서혜원 탁구를 놓지 못하는 이유 외
옥영수 유월의 설산 외
정이식 해당화와 내 큰 누님 외
천홍자 미안하다, 고맙다 외
한선주 버스를 타고 외

수필_박덕균

눈이 침침하다

요즘 들어 눈 상태가 많이 나빠졌다. 책을 몇 페이지만 읽어도 글씨가 어리어리해지고 휴대전화를 잠시만 들여다봐도 눈이 침침해지고 사물이 제대로 보이질 않는다. 밤이 되면 불야성을 이루는 휘황찬란한 각종 불빛에 시야가 흩어져 안경원에서 특별 주문한 안경을 써야 그나마 운전이 용이하다. 물론 지금까지 눈 하나로 살아왔기에 생활에 불편한 여러 가지 사항들은 어느 정도 숙달이 되었지만, 부쩍 불편함이 심해졌다는 느낌이 든다.

내가 언제부터 한 눈으로 살게 되었는지는 정확하지 않다. 거기에 대해서 어머니는 꼭 이렇다 할 기억이 없으신 듯 내가 눈을 언제 다쳤었느냐고 여쭈어보면 "글쎄다."라고 하시며 별말씀이 없으셨기도 하거니와 학년은 기억 못 하지만 초등학교 때 친구들과 놀다가 눈을 다쳐서 피를 흘리며 귀가한 적이 있었던 것 같다는 셋째 형의 흐릿한 기억이 전부였기에 추측만 난무할 뿐이다.

고등학교 입학할 때까지는 눈에 대해 별다른 불편을 느끼지 못하고 지내왔다. 거울을 본 기억도 없고 용모에 신경을 써 본 일도

· 1963년 경기도 여주 출생
· 여주고 졸업
· 2012년 〈문학사랑〉 시 부문 신인상 당선
· 문학사랑협의회 회원, 대한사이버문학 동인
· 문학사랑 50회 인터넷문학상 수상
· 대한사이버문학 15,16,17,18,19,20,21,22호 공저
· e-mail : pdkun@daum.net

없었다. 가족이나 친구들 또는 나를 아는 사람들이 모두 쉬쉬하면서 지냈는지는 모르지만, 그들이 내 눈에 대해 이렇다 할 언급이 없었기에 모르고 살았는지도 모를 일이다. 눈에 대해 신경이 쓰이게 된 것은 고등학교 2학년 때로 기억하고 있다. 학교가 사립학교였기에 타지에서 온 학생들이 많았다. 그 친구들을 대할 때면 내가 다른 곳을 바라보는 듯 자꾸 흘끗흘끗 다른 곳을 바라보곤 하는 행동에 어느 날 문득 거울을 보니 오른쪽 눈의 검은 눈동자가 오른쪽 가장자리에 있는 것을 보고 나 자신도 무척이나 당황했었다. 시력이 없다는 것도 그때 처음 알았다. 중학교나 고등학교 때도 신체검사라는 것을 한 기억이 있다. 그런데 왜 그때까지 그 사실을 몰랐었는지 이해할 수가 없었다. 나중에 알았지만, 오른쪽 시력 0.1이라는 수치는 허구의 수치였다. 왼쪽 눈으로 본 사물에 대한 기억의 잔상이 보이는 것처럼 착각한다는 것이다. 한번은 음악 선생님이 새로 부임한 지 얼마 되지 않아서 수업시간에 앞으로 나오라고 하더니 선생님을 똑바로 쳐다보지 않는다고 뺨을 맞은 적이 있다. 그때는 사랑의 매가 대단히 심했을 때다.

그래서 상대방은 내가 다른 곳을 바라보는 것처럼 인식된다는 것을 확실히 알았고 그것이 상대방에게 큰 불쾌감을 준다는 것을 알게 되었다.

그 후로부터 사람들을 회피하기 시작했던 것 같다. 사람들 얼굴을 똑바로 바라보지도 않았고 수업시간에도 마찬가지였지만 모임을 하든, 교육을 가든 무조건 오른쪽 맨 뒷좌석을 고집하기 시작했다. 친구들과 운동을 할 때도 스포츠 종목 중 구기 종목은 절대 하지 않았다. 매번 헛손질에 헛발질을 해대며 친구들에게 놀림과 질책을 받기를 왜곡된 자존심이 허락하지 않았다.

집안 형편이 어려우니 고등학교에 가지 말고 취직을 하라는 아버지의 말씀을 무시하고 고등학교를 장학생으로 입학했으나 2학년 때부터 방황을 하기 시작했고 결국 어머니의 피와 같은 땀으로 고등학교를 가까스로 마쳤고 그것을 끝으로 학업을 접었다. 집안 사정도 너무 어려웠지만, 이런저런 핑계로 학력고사도 보지 않고 진학을 포기했던 제일 큰 이유는 눈 때문이었다.

집안 사정과 망가진 눈은 나를 편협하고 폐쇄적인 삶으로 몰고 갔다. 그 살아온 세월을 여기서 다 풀어 놓을 수는 없지만 참으로 모난 세월이었고 못난 세월이었다. 돌아보면 너무나 아쉬움이 많은 날들이었다. 조금만 방황했더라면 조금만 정신 차리고 현실을 외면하지 않았더라면 지금보다는 훨씬 좋은 삶이 되지 않았을까 하는 아쉬움이 늘 꼬리를 물고 있다.

친구들이 학력고사를 볼 무렵 첫사랑을 만났다. 우여곡절 끝에 그 첫사랑이 지금의 집사람이 되었지만 그렇게 되기까지는 온전히 집사람의 헌신과 사랑이 있었기에 가능한 일이었다. 졸업하고 백수와 막노동 생활을 오가며 양아치들과도 어울리면서 구치소 생활도 했었다. 그렇게 희망을 놓고 사는 동안 집사람은 나를 놓지 않았다. 늘 다독이며 희망과 용기를 주고 사랑을 주었다. 결국, 독학과 학원을 오가며 기능사자격증을 취득하고 취직도 하게 되었다. 자세한 이야기는 기회가 되면 다른 글에서 언급하겠지만, 집사람으로 인해 제2의 삶을 살게 된 것이다.

눈도 수술했다. 시력회복을 위한 노력의 대가는 없었지만, 눈동자를 가운데로 모으는 교정수술을 했고 비록 2종 보통 밖에 허용이 안 되지만 운전면허도 취득했다. 그런 여러 가지 사건들은 내게 일말의 자신감을 회복시켜 주었고 모든 악조건 속에서도 열심히 살려고 노력을 했다.

앞에서 잠깐 언급했던 구기 종목에 대해 생각이 난다. 눈이 하나면 초점이 맞질 않는다. 왼쪽 눈만 보이면 실제 사물이 있는 곳에서 약간 왼쪽에 있는 것으로 보인다. 그것을 극복하려면 수많은 실패의 아픔을 딛고 눈물겨운 노력을 해야 한다. 축구선수 중에 유상철이란 선수가 있었다. 그는 나와 반대로 왼쪽 눈이 보이질 않는다고 한다. 그런 상태에서 국가대표 선수로 활약을 했고 월드컵에서 결승골까지 넣었다니 참으로 대단한 선수라는 생각이 든다. 그가 그렇게 될 수 있을 때까지의 노력이 얼마나 눈물겨운 노력이겠는가 생각하니 부끄럽기 그지없다. 물론 나도 그렇게 노력을 했더라면 친구들과 스스럼없이 구기 종목을 즐길 수 있었을는지는 모르겠지만 살아온 길이 다르기에 그저 진심으로 갈채를 보낼 뿐이다.

누구에게나 어려움은 다 있는 것 같지만 살아 보니 나보다 더 어려운 사람들이 많다는 것을 새록새록 느끼게 되는 것 같다. 지적장애인, 소아마비 또는 각종 사고로 인한 지체장애인, 시각장애인 등등 어려운 사람들이 얼마나 많은가? 그 사람들에 비하면 눈 하나 안 보인다고, 집안이 가난하다고 불평하고 좌절하며 아까운 세월을 많이도 까먹은 내가 한심스럽기까지 하다.

조금 늦은듯하지만 지난 세월 돌아보며 오늘 하루도 열심히 살자고 다짐하며 독서를 하고 가끔 이렇게 글도 쓰고 있다. 아직 나아가야 할 길이 구만리 같고 배워야 할 것도 많은데 자꾸 눈이 침침해진다. 세월이 조금만 더디 가고 내게 조금만 더 기회를 주었으면 하는 바람이 욕심이 아니기를, 내가 아는 모든 사람이 조금 더 행복해 지기를 바라는 마음이 또한 욕심이 아니기를 눈이 시리도록 맑은 쪽빛 하늘을 보며 가슴으로 빌어본다.

방황의 온난화

평년보다 낮은 이상기온으로 제법 살갗이 시린 가을 문턱의 어둑새벽에도 무미건조한 방황은 이어지고 있다. 지구온난화로 우리나라도 아열대기후로의 전화기를 맞고 있다는 기후 전문가의 전언이 없더라도 유례없는 긴 장마와 40도를 넘나드는 무더위는 기후변화를 몸으로 말해주고 있다.

어릴 땐 사계절의 구분이 뚜렷했던 것으로 기억한다. 봄엔 설컹설컹 대는 살얼음 옆으로 버들강아지가 피어나면 칡뿌리를 캐어 먹으며 봄기운에 흐물흐물 늘어져 가는 얼음판에 물렁 다리를 만들어 스릴만점인 마지막 얼음지치기를 했었고 진달래꽃과 찔레순도 따 먹곤 했다. 여름이면 수업이 끝나자마자 책가방을 마루에 집어 던지고 강가로 달려가 물놀이를 했다. 올갱이도 잡고 비단조개, 칼조개도 잡았으며 백사장에서 물새 알도 줍고 공도 차며 그리 길지 않은 여름을 보냈다. 가을엔 콩서리, 사과 서리도 다니며 밤도 따고 뱀도 잡고 주인 없는 결실을 맘껏 누리며 온 들과 산을 활개치고 다녔다. 겨울은 몹시 추웠다. 눈도 엄청나게 많이 내려서 밖에서 놀자면 무릎까지 빠지는 눈밭을 감수해야 했고 얼음두께가 두 자는 족히 넘어서 얼음 위로 차가 다니고 근처 잠업연구소에서는 인부들을 동원해 얼음을 잘라내어 석빙고에 저장하기도 했었고 스케이트대회가 해마다 열리기도 했지만, 삼한사온의 룰을 깍듯이 지켰고 나아가 사계절의 룰도 지켰던 것으로 기억하고 있다.

하지만 언제부턴가 계절의 흐름이 바뀌고 있다. 여름과 겨울은 길어지고 봄과 가을은 마파람에 게 눈 감추듯 지나간다. 문명의 발달로 삶은 윤택해 졌을지 모르지만, 자연은 파괴되고 내 어린 시절 고향도 없어졌다. 그로 인해 계절도 무너지고 향수도 무너졌다. 언제부터인지 정확히 알 수는 없지만, 나의 바이오리듬도 깨어졌다. 운동도 소홀해 졌고 열심히 일하기도 싫어졌다. 글쓰기도 의미가 없는 듯하고 집안일도 귀찮아지고 친구도 짜증나고 세상사 모두가 싫증이 난다. 한때는 술에 매달려 보기도 했지만 이젠 술도 싫다. 왜 이렇게 되었는지 이유도 모르겠고 원인도 알 수가 없다. 다만 모든 것이 무의미하고 어디론가 훌쩍 떠나고 싶은 마음뿐이다.

이제 올해도 몇 달 남지 않았다. 그리고 며칠 있으면 추석이다. 지금은 비록 그 모든 것이 큰 의미로 다가오진 않지만 언젠가는 이 상황을 떨치고 일어나 또 힘차게 앞으로 나아가야 하기에 실오라기 같은 정신이 끈을 놓지 말아야 한다는 생각을 하며 오늘도 새벽을 밝히고 있다.

모든 것은 생각하기 나름이고 모든 것에 감사하고 살면 좋은 일이 생기고 불평하며 살면 나쁜 일이 생긴다고 선지자들은 말하지만, 이것도 저것도 아닌 이 상황은 어찌 설명해야 알아들을지 고민하지 않을 수 없다.

창밖에 여명이 기웃거리고 있다. 오늘도 힘차게 준비해야지 열심히 살아야지 이렇게 또 나를 다독여 본다. 안개 자욱한 새벽의 한 모퉁이에서.

색(色)을 찾아서

"색채가 없는 다자키 스쿠루와 그가 순례를 떠난 해"를 쓴 작가는 독자들에게 어떤 메시지를 전하고 싶었을까 생각해 본다. 사람에게 있어 색채란 무엇인가? 그 사람의 성격, 성향 또는 향기, 개성을 의미 한다고 말할 수 있을 것 같다. 그렇다면 색채가 없는 사람이 있을까? 세상에 존재하는 모든 생명체는 똑같이 생긴 것은 하나도 없다. 모습도 다르고 성격 즉 색채도 다르다. 책속의 주인공 다자키 스쿠루는 자신이 생각하는 것보다 비범한 인물이다. 5인 그룹 친구들의 색채를 부담없이 조화롭게 수용할 수 있는 색채를 가진 인물이다. 어쩌면 친구들은 모두 그런 다자키 스쿠루를 지키고 싶었을 것이다. 특히 유즈와 에리는 선택될 수도 있었던 죽음으로부터 스쿠루를 지켰을지도 모른다. 삶의 전부라고 할 수 있는 친구들로부터의 결별 그리고 이어지는 세상과의 단절, 새로운 인물 즉 하이다와의 만남이 주는 보상 같은 위안과 또 다른 이별. 그로부터 16년이 지난 자아인식을 통한 순례, 상실의 세월을 보상 받을 수는 없지만 찾아야할 진실 그리고 찾은 진실과 이질감이 있는 미지근한 마무리. 역동적인 삶의 표본인 역(驛)을 만들고 하염없이 역을 바라보며 세상을 향한 마음을 달랬을 스쿠루는 현세를 살아가고 있는 우리들 대부분의 표본은 아닐까 생각해 본다.

내게도 고교 4인방이 있었다. 고교시절 3년을 의형제처럼 지냈으며 졸업 후에도 한동안 형제처럼 지냈는데 모종의 일로 한 친구와 결별하게 되었고 난 그 친구가 없는 모임은 의미가 없다고 나머지 모임을 부정하고 결별을 선언했었다. 지금도 내면의 벽을 허물지 못하고 선뜻 받아들이지 않고 있으며 각자 삶에 바빠 자주 연락도 하지 못하고 살지만 그 친구들은 나에게 늘 아킬레스건이다.

아무튼 세상에 색채가 없는 사람은 없다고 생각한다. 상처가 없는 사람 또한 없다고 생각한다. 각자의 색채는 나이가 먹어감에 따라 달라질 수도 있고 각자가 어떻게 세상을 받아들이고 대처해나가느냐에 따라 색은 변할 수도 있고 짙어질 수도 흐려질 수도 있다고 생각한다.

이글을 쓰고 있는 지금까지 무슨 색채를 띠고 살아왔으며 지금은 무슨 색채를 띠고 있는지 모르고 살아가고 있다. 앞으로 걱정거리가 또 하나 늘어 날듯 하다. 나는 살아가며 어떤 향기를 내며 어떤 색채를 띠고 살아 갈려는지…

수필_박은경

김치 캠프

바캉스와 캠핑의 계절 여름이 온다. 요즘은 여름 방학을 맞으면 어디로 놀러 갈 지를 생각하며 친구끼리 또는 가족끼리 모여서 계획을 세우고 인터넷을 뒤진다. 하지만 불과 몇 십 년 전 만 해도 여름이 오기도 전에 농번기를 맞아 학교에도 가지 못하고 집안일을 도와야만 했던 아이들이 있었다. 우리 집은 부지런하셨던 할머니의 억척으로 살림이 펴서 학교를 빠지며 집안일을 도울 필요는 없었지만 반 친구들 중에는 농사일을 돕거나 집안일 또는 동생들을 돌보느라 장기간 학교를 결석하는 아이들이 여러 명 있었다. 기억 속에 있는 그 시절 여름 가장 큰 행사는 교회에서 하는 여름 성경학교였다. 일주일간 매일 아침 교회에 가서 말씀도 배우고 찬송도 부르며 쪽지에 적은 요절을 외우기도 하고 성경 퀴즈대회에서 상을 받기도 했었다. 오늘은 어떤 간식이 나오나 점을 쳐 보며 부엌을 기웃거리다 혼나기도 하고 오후에는 친구들과 어울려 근처 냇가에서 멱을 감고 물고기를 잡으며 놀던 기억들. 요즘 아이들도 강에서 물놀이를 하는지 모르겠다.

· 1961. 10. 14(음) 서울
· 〈문학사랑〉 수필부문 신인상 당선
· 서울에서 고교 마치고 미국으로 건너가 어학과 교육신학을 마침
· 문학사랑협의회 회원, 대한사이버문학 동인
· 문학사랑 51회 인터넷문학상 수상
· 현재 미네소타 주에 거주
· e-mail : ugk7439@hanmail.net

우리 막내가 초등학교 다니던 시절이니 거의 이십년쯤 전에, 내가 봉사하던 애틀란타의 교회에서도 닷새간 수련회를 갔었다. 초등학생부터 신학교 대학생까지 연령대도 다양한 멋진 수련회였다. 아침 저녁으로는 모여서 예배도 드리고 성경 공부도 하지만 낮에는 즐거운 여가활동을 다양하게 할 수 있어 정말 즐거웠다. 지금은 한국에서도 번지 점핑이나 보트 타기 등 레저산업이 많이 발달했지만 당시에 아이들을 함께 가서 관리하던 나에게는 신선한 충격이었다. 그 중에 기억나는 것은 말 타기와 사륜구동의 험비(humvee)를 타고 급경사진 산에 오르기, 호수의 반대편까지 외줄타기 하강하기 등 정말 신나고 재미있는 한 주간이었다. 아이들에게 영적 교육과 재미를 겸비한 참 좋은 수련회로 지금까지 멋진 추억으로 남아있다.

매 년 유월이면 우리 동네에서 캠프'김치'가 열린다. 김장철도 아니고 웬 김치타령이냐 궁금해 할지 모르지만 사실은 일주일간 열리는 '썸머캠프'이다. 이 곳 미네소타는 예전부터 많은 입양아들이 들어와 살고 있다. 요즘은 주로 중국계 입양아가 많지만 전에는 한국에서도 많은 아이들이 이곳으로 입양되어 왔다고 한다. 1978년 한국인 의사와 결혼한 에스터김씨 가족들로부터 시작된 이 모임은 해를 거듭하면서 점점 그 규모가 커졌다. 처음에는 입양아를 둔 몇 가정의 아이들이 그리운 한국 음식과 노래, 춤 등을 배우며 '샛별'이라는 그룹 이름으로 모였다고 한다. 이들은 1920년 미네아폴리스에서 열리는 한국전통 캠프에 갔다가 여러 가지 불편함을 느끼고 스스로 자신들을 위한 캠프를 열기로 의견을 모으고 준비를 하였다 고 한다. 지역 학교와 교회에서도 무료 지원을 아끼지 않았고 벼룩시장도 열어 기금을 마련하기도 하였다. 입양가족 잡지에 캠프 광고를 올리자 멀리 열 시간 거리에 사는 사람들도 신청을 하고 몰려오는 소동이 벌어졌다. 그곳에서 한국말과 글, 춤과 노래, 태권도를 배우는 것은 물론 한국의 전통과 문화도 배운다. 또한 미국생활에 적응하는 법과 입양아들만이 아닌 부모나 다른 형제들과의 관계와 서로 다른 여러 문화를 접목하는 문제와 또 희망도 함께 나누었다. 이 캠프의 특징은 가족이 함께 근처 공원에서 캠핑을 하며 자원봉사로 부엌일과 청소 등을 가르치는 것까지 모두 가족들이 하고 있다.

캠프가 끝나는 마지막 날에는 만찬을 하기 전에 그동안 배운 춤과 노래를 발표하고 김치 담그기 행사를 한 후에는 김치와 잡채. 만두 등 남은 음식들을 파는 장터가 열리기도 한다. 한국 과자나 기념품들은 장이 열리자마자 불티나게 팔려나가 상당한 수익을 올리기도 한다. 온 가족이 함께 하며 한국 문화와 화합 그리고 봉사를 배우는 캠프 '김치' 는 미국 북부의 작은 도시 브레너드시의 명물로 확실하게 자리매김을 하고 있다. 나도 조금이나마 도움이 될까 하고 알아봤는데 매일 오후까지 근무를 해야 하는 상황이라 큰 도움은 되지 못할 것 같다. 가능하다면 마지막 날 행사에라도 참석해 건강하게 자라는 입양아들을 만나보고 장터에서 맛있는 김치라도 살 생각이다.

올 여름 사람들로, 차량으로 북적이는 바캉스 휴가를 어디로 갈 것인지 정하기 전에 좀 더 바람직하고 기억에 오래 남을 휴가 계획을 세워봄은 어떨까 생각해 본다.

백년해로를 위하여

따스한 햇살 아래 꽃향기가 날리면 청춘 남녀의 결혼 소식이 청첩장에 실려 여기저기서 날아든다. 며칠 전 브라질 선교사와 유월에 결혼한다는 조카딸의 청첩장을 받고 형편이 허락지 않아 갈 수 없는 안타까움과 함께 그동안 참석했던 수많은 결혼식이 오후 내내 기억 속에서 슬라이드 쇼를 펼쳤다. 세월에 따라 결혼 풍속도 많은 변화가 있었지만 돈이 많은 사람들은 크고 화려하게, 없는 사람들은 작고 소박하게, 그리고 어떤 이들은 그저 정화수 한 사발 떠놓고 천지신명께 고하는 것으로 결혼식을 대신하기도 했었다. 미국의 결혼식 모습도 많이 다르지는 않다. 내가 잘 아는 한 녀석은 아무에게도 결혼 소식을 전하지 않고 증인으로 친구 한명과 함께 법원에 가서 선서하는 것으로 결혼식을 끝내버렸고 친하게 알고 지내던 어떤 의사 부부는 하와이에서 하는 딸 결혼식에 양가 친척들을 미국 한국 그리고 딸의 시댁인 중국에서도 모두 불러와 호텔에서 한 주 내내 성대하게 치렀다고 한다.

삼십여 년 전, 내 결혼식은 미군 부대 안에 있는 작은 교회에서 시댁 식구들 하나도 없이 간소하게 치러졌다. 실연으로 방황하던 이십대의 내 청춘은 우연히 만난 친구와 함께 미군 부대에서 일하게 되었는데 그때 만난 갈색 눈의 미국인이었다. 몇 달을 따라다니던 그에게 마음을 열며 나는 스스로에게 말했다. 우리 부모님들은 얼굴 한 번도 못 보고도 중매로 결혼해서 내내 잘 사시지 않더냐고. 잉크 냄새 가득한 부대 교회 사무실에서 웨딩드레스를 입고 대기하다가 한복을 차려입으신 아버지의 손을 잡고 웨딩마치를 할 때에 무슨 생각을 했었는지 지금은 전혀 기억이 나지 않는다. 어쩌면 해로하지 못했기에 일부러 잊고 싶었는지도 모르겠다. 진중하지 못했던 나의 성격이 성급하게 결혼을 했고 또 참지 못해 헤어졌으니 누구를 탓하랴… 주례를 서 주셨던 미모의 여군 목사님과 인사를 나누고 멀리서 와 주신 가족들과 함께 근처 음식점에서 점심으로 피로연을 대신했다. 일어를 잘 하시는 고모님이 영어밖에 못하는 신랑에게 자꾸 일어로 대화를 시도하셔서 좌중이 웃음바다가 되었던 일은 기억에 남아 있다.

십여 년 전 한번은 모르는 미국교회에서 연락이 왔다. 어렵게 수소문해서 전화번호를 얻었다면서 토요일 저녁 다섯 시에 꼭 와서 통역을 해 달라는 것이었다. 같은 한국인인 신랑 신부는 영어가 되었지만 한국에서 날아 온 친정어머니가 말이 안 통하니 옆에 앉아서 결혼식 전체를 통역해 달라는 부탁이었다. 신랑은 어려서 입양되어 온 잘 생긴 한국청년이었고 신부는 영어 통역사로 신랑이 지난해에 한국지사에 근무할 때에 통역을 하면서 만났던 사이라고 한다. 신부 어머니 말씀이 홀어머니 외딸이라며 애써서 영어공부 시켜놨더니 에미를 버리고 멀리 가 버린다고 하시며 많이도 울었다. 물론 함께 와서 같이 살자고 했다는데 그게 어디 쉬운 일인가… 나 또한 부모를 버리고 멀리 미국으로 시집왔으니 그분의 아픔이 내 어머니의 아픔이었구나 생각되어 가슴이 아려왔다. 그 결혼식에서 기억에 남는 것은 시아버지가 한국 참전용사로 두 다리를 다 못쓰고 아들 딸 모두 입양으로 얻은 자녀라는 것과 그 부인의 모습이 너무나 인자하고 정말 천사 같았다는 것이다. 식을 마치고 인사를 나누면서 통역비라고 신랑이 쥐어주는 봉투를 기어이 친정어머니 손에 돌려주고 식사 초대에도 시간이 여의치 않아 그냥 돌아오면서 아름다운 부부가 내내 행복하기를 속으로 빌었다.

일반적으로 우리나라 결혼식에는 신부가 아버지와 함께 입장하고 주례 앞에서 신랑에게 신부를 인계하지만 미국에서는 주례가 "누가 이 신부를 신랑에게 주느냐"고 꼭 묻는다. 이때 신부 아버지는 "I DO[내가 줍니다]"라고 대답하게 된다. 그리고는 신랑이 와서 아버지와 악수를 하고 신부와 함께 주례 앞에 서게 된다. 요즘은 더러 신랑 신부가 함께 입장하여 식을 진행하기도 하지만 언젠가 보았던 한 결혼식에선 신부와 함께 걸어들어와 주례의 질문에 당당하게 대답한 사람이 다름 아닌 다섯 살 꼬마, 신부의 아들이었다. 어린 녀석이 그 말의 의미를 정말로 이해하고 있는 걸까? 참으로 신선한 충격이었다. 이 가정은 절대로 아이 때문에 다툼이 생기지는 않으리라는 생각도 들었다. 식을 마치고 지하 식당에서 교회에서 준비한 닭 날개와 작은 샌드위치 등 간단한 핑거푸드와 다과 그리고 음료수로 조금은 아쉬운 피로연이었지만 어렵게 새로 가정을 꾸리는 이들에게 절약은 필수라는 생각으로 허례허식을 버리고 간소하게 준비한 이들이 오히려 바람직한 모습이라는 생각도 들었다.

이년 전, 오월에 대학을 졸업한 딸이 구월에 결혼한다며 다시 오라는 연락이 왔다. 뭐가 급해서 그리 빨리 결혼하려 하느냐고 물으니 약혼자가 여덟 살 연상이라서 더 이상 기다릴 수가 없다는 것이었다. 서울 부산 거리도 아니고 넓디넓은 미국의 동서를 가로질러 같은 해에 두 번 딸에게 날아갔다. 시어머니가 필리핀 전통 의상을 입는다면서 나에게 꼭 고운 한복을 입으라 강권하고 결혼 비용을 아끼기 위해 교회 마당에서 열리는 피로연에 쓸 식탁과 의자들, 테이블보와 천으로 된 냅킨까지 직접 빌려왔다. 피로연장에 텐트치고 꽃 장식하는 것까지 일일이 관여하면서 시간이 다 되어 옷 갈아입으러 가기까지 딸은 본인이 오늘의 신부인지 웨딩플래너인지 구분을 못하게 했다. 교회당에 들어서자 식이 시작되기 전 두 사람의 어릴 적 사진들을 슬라이드를 통해 보여 주어 하객들에게 보여져 큰 웃음을 선사하였고 필리핀 사돈과 내가 화촉을 밝히고 딸과 사위가 다니는 교회 목사님의 주례로 결혼식을 마쳤다. 출장 부페로 차려진 음식을 먹고 신랑 신부의 왈츠를 시작으로 하객들이 춤을 추는데 난 멋지게 차려입은 아들과 춤을 춘 것이 제일 좋았다. 짠순이 신부 덕에 빌려온 물건들을 정리하고 뒷마무리를 하는 수고를 하면서도 이 아이들이 잘 살 거라는 확신이 있어 행복했다.

이십년 또는 삼십년을 남남으로 살다가 둘이 하나 되어 살아 간다는 것이 처음 생각처럼 쉬운 것은 아니다. 인생의 나머지 반, 아니 그 두 곱 세 곱을 둘이 하나 되어 살아간다는 것은 어쩌면 불가능한 일인지도 모른다. 간혹 신 여행도 가기 전에 문제가 생기는 부부도 있고 또는 살면서 후회가 밀물처럼 그들을 덮을 때도 있을 것이다. 고리타분한 생각인지는 모르겠지만 옛 어른들처럼 좀 더 참고 조금 더 양보하고 힘든 일이 생겼을 때 상대방의 입장이 되어 본다면 아무리 이혼율이 높고 주변의 유혹이 많다고 해도 아름다운 결혼생활을 만들 수 있을 것이다. 깨어져 버린 듯한 부부도 자식 때문이든 또는 다른 어떤 이유이든 그대로 살다보면 미운정이 들어서인지 허허 웃으며 사는 사람들도 본다. 결혼을 앞 둔 청춘남녀에게 꼭 이 말을 해 주고 싶다. 시작하기 전에 신중히 생각하고, 한번 결심하면 죽기까지 함께 헤쳐 나가기를 각오하며, 죽음의 문턱에서 누가 물었을 때에도 다시 이 사람과 살고 싶다는 마음을 가져달라고. 이제 곧 결혼 할 조카도, 결혼한 지 삼 년 된 딸도, 그리고 모든 젊은 부부들도 검은 머리가 파 뿌리가 되도록 오래 오래 해로하기를 진심으로 빌어본다.

수필_백규현

직업

나는 사회가 혼란스러운 시절 젊음을 보냈기 때문에 마음에 드는 버젓한 직장을 갖지를 못했다. 그나마 어쩔 수 없이 다녔던 11년의 생활은 너무 힘들게 보낸 시절이었다. 단체생활처럼 사람의 성격을 맞추기가 얼마나 어려운가를 실감했던 시기였다. 격에 맞지 않는 상사의 욕설과 따라주지 않는 부하직원들의 비위를 맞춰주기가 너무 힘들었기 때문에 그리 기억하고 싶지 않은 젊은 날이었다. 내가 하는 일의 업무는 제품의 무늬 개발과 색상을 관리 해주는 일이었음에도 항시 부족한 현장의 인원을 대신 해주는 일이 다반사였다. 아마도 내가 몸담았던 회사가 아니더라도 그 시절엔 많은 노동자들이 자신의 주 업무에 관계없이 사방팔방으로 뛰어야 했으리라. 적은 임금에도 불구하고 땀 흘려 이룬 덕에 지금의 우리가 있지 않겠는가 생각이 든다. 결국은 건강상 이유로 이 직장을 떠나서 다른 일로 들어섰다. 밤 낮 없이 출판사 시간에 맞추다보니 시간 개념이 없어지기도 했다. 그러나 내가 하고 싶은 일이었기에 마음은 편한 듯 했다. 내가 그린 그림으로 많은 학생들이 공부를

· 대한사이버문학 6호~22호까지 표지 화백
· 대한민국미술대전 4회 입상
· 단원미술대전, 경인미술대전, 전통미술대전 초대작가
· 구상전 장려상
· 기타 공모전 이상
· 현 부천한국화협회 회장
· 현 부천미술협회 한국화 분과장

한다하니 보람도 느끼고 자부심도 갖게 되었다. 전 직장의 장점은 고정된 적은 수입금이라도 안정된 생활을 할 수 있었지만 들쭉 날쭉한 수입으로 또 다른 생활의 고배를 맞이하게 된다.

인생은 짧다. 순간에 지나는 듯한 세월 누가 막으랴. 눈만 뜨면 다람쥐 체바퀴 돌듯이 번복되는 일상 너무 지루하지 않을까? 이것도 저것도 시행했다가 실패도 해보고 성공도 이루는 것이 인생살이가 아니겠는가.

근래에 들어 자부심이 조금 생기는 것은 그림을 하는 나를 선망의 대상으로 생각하는 공무원 출신의 친우가 있다는 것이다.

그러나 인생은 공평하다. 그들에게는 평생을 주민들을 위하여 노력한 결과가 있다. 그러나 나는 무엇인가를 반문 하다보면 알게 모르게 나의 예술이 사회에 미쳤음을 자부 한다.

그러므로 삶에는 어떻게 살아야한다는 정답이 없다. 내가 버린 쓰레기를 미화원이 없으면 누가 치워 줄 것이며 공장의 직원이 없다면 생활 용품을 어떻게 조달 할 것인가를 생각하면 우리가 하는 일 모두가 존경스럽고 보람된 일 일 것이다.

많은 직장인들이 연금을 가지고 생활 해 나갈 때 자영업을 하던 사람이나 예술을 운운하며 지냈던 사람들은 노후의 대책이 없다.

괴테는 노인을 상실의 시대라고 하며 다섯 가지의 단어를 피력했다.(돈, 일, 친우, 꿈, 건강) 나이가 들면서 이러한 다섯 가지를 잃는다고 했다.

우리민족은 유독 남들과의 비교를 많이한다. 경험한 바에 의하면 미국인이나 중국인들은 부유한사람이라고 부러워하거나 부유한 사람은 가난한자들을 업신여기는 모습을 볼 수가 없었다. 다 자기의 직업에 충실한 모습이다. 어쩌면 내 편견인지도 모르겠지만… 사회가 잘 이루어지려면 각자 자기가 맡은 일에 지부심을 갖고 충실할 때 그 사회는 잘 나가는 사회라고 할 수 있겠다. 산더미 같이 쌓이는 쓰레기를 치워주는 환경미화원이 있기에 거리가 깨끗하고 멋진 설계를하는 건축가가 있어 아름다운 도시를 이룰 수 있듯이 우리는 모두가 필요한 존재들이다. 그러므로 우리는 모두 자기가 맡은 일에 자부심을 갖기를 바란다.

대개는 직업에 대해 불만을 토로하는 사람을 많이 볼 수 있다. 모두가 높은 지위만을 고집하고 일등만을 고집한다면 이 사회라는 배는 어데로 떠 밀려 갈 것인가? 꼴등이 있기에 일등이 존재할 수 있는 것이다. 그러므로 꼴찌에게도 박수를 보내야 할 일이다.

우리는 자신을 자랑스런 존재라는 인식을 갖고 스스로를 사랑하며 살아야한다. 삶의 수단인 직업은 무한하다. 하찮은 일도 한눈팔지 않고 묵묵히 들 지켜 나아갈 때 이 사회는 성공한 사회로 인정될 수 있겠다. 그리고 또한 열심히 자리를 지켜온 사람에게도 박수를 보내야 할 일이다. 결국 성공이란 부를 얼마나 축적 했느냐보다는 자신의 일에 얼마나 충실 했었는가 로 판가름 나야한다.

나는 할 수 있는 손재주를 타인이 따라 올 수 없을 정도의 실력을 갖추면 성공이다. 학자나 크게 이룬 기업가 등을 부러워만 할 때 자신은 왜소하고 초라해지기만 할 것이다. 이러한 생각이 만연할 때 사회는 혼탁만 초래 될 뿐이다. 우선은 나를 사랑하라 나의 존재감이 있을 때 사회라는 구성원은 팽팽히 돌아 갈 것이다. 문학인이여 화가여 음악가여 노동자여 정치인이여 모두가 자신을 갖고 힘써 이 사회를 이끌어 갈 지어다.

수필_서혜원

탁구를 놓지 못하는 이유

생활체육으로 많은 사람들의 사랑을 받고 있는 탁구는, 거주지 주민등록이 되어있는 주민자치센터(동사무소)에 등록만 하면 쉽게 접근할 수 있는 운동이다. 나 같은 경우는 낮 시간을 거의 군포에서 보내고 있어 막상 내가 살고 있는 안양의 집 근처 아웃들과는 안면 익히기가 여의치 못한데, 오전에 운동하러 동사무소에 가면 그 문제가 해결이 된다. 같은 동(洞) 주민들끼리 모여 하는 운동이라 친밀감이나 친근감 등이 있는 반면 말도 많아 반목하는 경우도 종종 있다.

그런데 문제는 집 근처 동사무소 탁구장은 다른 프로그램과 수업을 나눠 사용하는 터라 레슨이 끝나면 탁구대를 접어주어야 하고, 레슨이 있는 오전에는 접어놓은 탁구대를 펴야 하는 불편함이 있었다. 어깨에 회전근개 파열이란 병명을 얻어 탁구를 그만두어야 하는 상황에서 탁구대를 펴고 접는 일은 아무래도 무리였다. 앞으로 탁구를 치게 될지 이대로 그만두게 될지 모를 판국이어서 동사무소에서 하던 운동을 잠시 쉬기로 했다. 그러나 탁구란 운동은

· 1951년생
· 수필문학 등단
· 한국수필가협회 회원, 문학사랑문인협회 회원, 군포문인협회 회원
한국문인협회 회원, 한밭소설가협회 회원
· 문학사랑 제10회 인터넷문학상 수상
· 대한사이버문학회 회장
· e-mail : cryingbird50@hanmail.net

중독성이 강했다. 일 년을 넘게 호되게 고생을 하고도 어깨가 조금 우선해지니 탁구장부터 찾아 나선다.

몸담고 있던 동사무소에는 나와 함께 팀을 구성해 시합에 나갈 수 있는 부수의 사람들이 없었다. 탁구를 다시 친다는 소문을 들은 동사무소 코치는 다른 동사무소 분들과 팀을 구성해 시합에 나가 보지 않겠느냐고 하였다. 한마디로 선수가 부족한 팀의 결원을 채워주는 대타였다. 두 어 번 나가다 보니 차라리 시합을 함께 할 수 있는 사람들이 있는 주민자치센터를 찾아 옮겨가는 게 나을 성 싶었다. 같은 안양시에서는 동 주민들로 레슨회원이 차지 않으면 타 동(洞)의 주민들도 받아주고 있었다. 이왕 찾아나서는 것 나름대로 동사무소 탁구장 선정 기준을 세웠다.

첫째 탁구장 전용이어야 하고,
둘째 오전에 레슨이 있어야 하고,
셋째 나보다 잘 치는 사람들이 많이 있는 곳.

안양 6동의 백영숙을 알게 된 것은 한 달에 한 번씩 열리는 탁구 클럽 여성대회에서였다. 백영숙과 함께 출전한 최선엽, 백미영, 홍전임, 조성옥 노금숙 등의 시합내용을 자주 봐온 터라 그분들과 함께 운동을 하면 많이 배울 수 있을 것 같다는 생각이 들었다. 더욱이 그곳 코치는 안양시탁구연합회 사무국장을 맡고 있는 김희열씨였다. 김희열 코치와의 인연은 꽤 오래 되었다. 뒤늦게 그분의 레슨을 받게 된다면 우연이라고만 말할 수 없을 것 같았다.

그 즈음 여성대회에서 백영숙을 다시 만났다. 혹시라도 거절당할까봐 가볍게 영숙씨! 나 좀 받아주지 라고 말했고 백영숙은 언니가 오면 좋지, 라고 기분 좋은 립 서비스를 날려주었다.

남의 동사무소로 갈 때는 이방인 취급을 받을 각오를 해야 했다. 그런 거라면 내겐 익숙했다. 몇 년 동안 다니던 집 근처 동사무소 엄마들도 낯설기는 매 마찬가지였다. 회원들의 연령층이 세대 차이가 나는 젊은 분들로만 구성되어있었기 때문이었다.

2014년 1월, 하얀 눈길을 사각사각 밟으며 찾아간, 농축산 검역소 옆 안양 6동 동사무소에는, 낯익은 분들이 많아서인지, 반겨주는 분들의 다정함 때문인지 잘 적응할 것 같은 예감이 들었다. 더욱이 김송령 선배는 장수부 시대표로 함께 시합을 나간 적이 있어 낯설지 않아 더욱 좋았다.

2014년 3월 8일, 동사무소를 옮긴 후 처음 있는 시합이었다. 안양여중고 탁구부 총동창회에서 주최하는 꿈나무 후원 탁구대회였다. 단체전과 개인전 복식이 있었는데 단체전에는 황지현, 이영옥, 최원엽, 나, 네 명으로 팀을 구성했다. 황지현과 내가 단식을 하고, 이영옥과 최원엽이 복식을 하기로 했다. 개인복식은 최원엽과 둘이 하기로 했다. 단체전은 예선을 통과해 토너 세 번째에서 패해 탈락을 하였다. 재미있는 것은 이기려면 세 팀이 모두 이기고 패할 때는 몽땅 지는, 그러니까 실력이 모두 비슷해 보였다.

파트너 최원엽씨와 출전한 개인복식에서는 예상치 않은 성과를 거뒀다. 3위에 입상한 것이다. 사실 입상을 하였는지도 몰랐었는데, 우리가 진 팀이 안양 6동 최선엽(최원엽동생임) 백미영 팀과 결승전을 하는 것을 보고 우리가 입상을 하였다는 것을 알았다. 우승은 안양6동 최선엽과 백미영 복식 팀이 했다.

그리고 두 번째 시합이 있었다. 2014년 8월 27일 만안구청장 배 동사무소 복식탁구대회이다. 복식 네 조(후보 한 조 포함)가 한 팀이 되어 출전하는 복식 단체전으로 안양시 부수대로 구분되어 있었다. 우리는 2부로 참가했는데 최선엽 백미영, 노금숙 홍전임, 나와 조성옥, 최원엽 이영옥 네팀이 참가해 우승을 하였다. 최강전은 모든 부수가 섞여 핸디(점수)를 주고 하는 게임이었는데 그 또한 안양6동 팀이 우승을 했다. 목청 높여 응원하는 김희정의 열정은 물론, 자기 시합이 끝났음에도 끝까지 응원하며 기다려주는 회원들의 따뜻한 마음이 감사했다. 이번 시합 후에는 저녁 식사에 참석하지 못했지만, 지난번 꿈나무 탁구 시합이 끝난 후에는 함께 저녁 식사를 했었다. 출전한 선수들의 가족까지 참석해 식사를 하며 시합의 노고를 위로해주는 모습이 무척 보기 좋았다. 명예나 돈이 걸린 선수들이 아닌, 그저 생활체육인으로 즐기는 스포츠며 시합일 뿐인데, 승리를 진심으로 소망하는 화목한 가정의 하나 되는 마음, 훈훈한 가족애를 느낄 수 있어 흐뭇했다.

만안구청 앞 '콩나루 해장국' 집에서 떠들썩하게 저녁을 먹던 날, 난 탁구를 친 이후 가장 편안하고 행복했던 첫 번째 날로 기억하기로 하였다. 그리고 2014년 8월 27일, 두 번째로 기억해야할 행복이 추가 되었다. 앞으로는 이 기쁨들을 하나하나 기억할 수 없도록 많은 날들이 승리로 이어졌으면 한다. 그동안 집 앞 동사무소 엄마들에게 미안했었는데, 이젠 그 미안함을 털어버려도 괜찮을 것 같다는 생각을 한다.

탁구만 놓으면 하루를 편안하고 여유 있게 지낼 수 있을 것 같은데도 냉큼 놓지 못하는 것은, 이렇듯 가끔씩 걸려드는 승전(?)의 매력에 빠져있기 때문인 것 같다.

〈탁구회원들의 존칭을 생략한 점 양해바랍니다〉

맏이

아홉 남매가 자랐지만 어릴 적 내 기억 속 형제들의 모습은 듬성듬성하다. 큰 언니 위로 오빠가 있었는데, 오빠와 함께 생활한 기억의 쪽수는 얇은 편이다. 오빠는 군 제대 후 잠시 집에 머물며 군대생활 이야기를 들려주곤 하였었는데, 그 이후로는 오빠와 함께 지낼 시간이 없었다. 사업의 흥망성쇠를 반복하며 가족의 주위에서 자취를 감추었다. 대신 오빠의 빈자리에 언니가 있었다. 언니는 오빠 자리의 무게 때문인지 오빠 대신이라는 말을 가장 듣기 싫어했지만, 부모님께서 연로해지시며 집안의 구심은 자연스럽게 언니에게로 옮겨갔다. 언니는 무척 부담스러워하면서도 오빠 대신 맏이로서 동생들을 다독이며 부모에게 효도를 하였다. 언니의 헌신적인 봉사와 희생으로 집안은 늘 화기애애하였고 화목했다.

내가 어렸을 적, 아버지는 교육청 장학사 직을 퇴직하고 친구 분과 사립 고등학교를 설립하였다. 사립학교이니 신입생이 많아야 수지타산이 맞을 텐데, 나라와 개인이 모두 가난하던 시절이었다. 먹고 살기 바쁜 시절, 특히 농촌 가정에는 교육비에 투자할 만한 여력이 없었다. 학생 모집이 되지 않아 설립 학교를 포기하였다. 지금 같으면 보장 받는 사업이었을 텐데 앞서가는 사람들에게는 이렇듯 시련이 있었다. 난 그 때 초등학교 입학 전으로 친할머니와 살고 있었다. 취학을 위해 집으로 돌아왔을 때 가정경제는 심각한 위기에 빠져있었다. 어머니는 이대로 있을 수 없다고 토산품 등을 트럭에 실어 서울을 오르내리며 그곳에 사는 동생(이모)들을 통해 판매하기 시작했다. 그러는 동안 집안 살림은 중학교 이학년 쯤 된 큰언니의 몫이 되었다. 어린 나이의 언니는 어머니가 하여야 할 일을 대신하고 있었다. 세월이 많이 흐른 후인 지금에도 이따금 아기를 업고 부엌 문 앞에서 서성이던, 귀 바퀴가 반쯤 보이는 언니의 단발머리가 떠오르곤 한다. 언니의 표정은 말도 붙이기 힘들만큼 새침했었다.

아버지는 육영사업에서 손을 떼고 출판업을 시작하였지만 그 또한 몇 개월 못 가 문을 닫았다. 그리고 한동안 병고를 하신 후 경기도 북부 지역에 있는 사립중고등학교 교감으로 가시게 되었다. 언니는 서울에서 야간 고등학교를 다니며 낮에는 고모부 회사에 나가 일을 했다. 그 즈음 부모님은 나와 큰언니를 친할머니께 맡기고 다른 형제들을 데리고 아버지의 직장을 따라 이사를 했다. 개척교회 권사였던 할머니의 교회활동은 우리 둘 때문에 잠시 멈춰야 했다. 언니와 나는 그렇게 5년 동안 함께 살았지만 우리는 서로에게 조금도 접근이 안 되는 참으로 어려운 관계였다.

초등학교 5학년쯤이었다. 언니는 나를 데리고 서울 사대문 안 큰 시장으로 갔다. 호랑이 가죽처럼 얼룩덜룩한 원피스를 입혀 놓고 기뻐하던 모습을 바라보며, 처음으로 격의 없는 자매 사이를 느꼈었다. 그러나 그날 이후 쭉 나는 언니 곁으로 다가갈 수 없었다. 어머니는 그런 큰 딸을 친구처럼 의지하면서도 늘 "차가운 애"라고 표현하였다. 당신도 큰 딸이 퍽 어려웠던 모양이다.

결혼을 하고 난 후 부터 나는 금세 어른이 된 양 큰언니와 맞먹으려 들었다. 그때에 언니는 딴 사람이 된 것처럼 순순히 나를 받아주었다. 우리는 같은 아파트에서 이웃으로 살면서 어릴 때 함께 하지 못했던 것들을 할 수 있었다. 쇼핑도 하고, 영화도 보고, 맛있는 것도 먹고, 여행도 다녔다. 우리들의 어렵고 힘들었던 어린 시절은 지금 없었다. 행복했다. 부모님이 돌아가시고 난 후 형제들끼리의 왕래가 소원해질까 봐 언니는 가족들의 생일을 챙겨 모임을 주선

했다.

형부가 우리들을 감쪽같이 속이고(암 투병을 숨김) 떠난 지 일 년, 언니는 그 어느 때보다도 명랑했고 가족 모임에 더욱 적극성을 띠우는 듯 했다. 아마도 외로워서 그러는가 보다 라고 가볍게 생각했었다.

맏이로 태어나 엄마에게 친구처럼 의지가 되어주었고, 동생들에게는 엄마처럼 다정하고 든든했던 언니였다. 흙비가 내리던 4월의 지랄(?)같은 날씨에 언니는 형부와 함께 가보았을 법한 속초 바닷가에서 주검으로 발견되었다. 형부의 손짓에 끌려 바다 가운데로 몸을 날렸거나 아니면 형부가 부르는 목소리를 따라 바다 가운데로 유유히 걸어 들어간 것이 아니었을까, 영화에서 봄직한 장면을 상상해보곤 한다. 경찰에서는 여러 가지 현황과 유서가 없는 것으로 보아 사고사로 밖에 볼 수 없다고 하였다. 사인은 실족에 의한 추락으로 단정했다. 그러나 죽은 자는 말이 없으니 그 누가 알까. 답답하기만 하다. 그래서 우리는 언니를 깨워서 물어보기로 했다. 일어나! 말해 봐. 왜? 어떻게 된 거냐고?

수필_옥영수

유월의 설산

우오즈와 고사카는 새벽 여명을 받으며 요코오 산장을 나섰다. 저 멀리 창 끝처럼 뾰죽한 야리가다케(槍岳)의 침봉이 새벽달빛을 받으며 교교히 두 사람을 쳐다보고 있었다. 둘은 오늘 올라야하는 마에호다카다케(前穗高岳)의 빙벽을 말없이 바라보며 요코오 다리를 건넜다. 1월의 호다카 연봉은 눈과 얼음의 천국. 북알프스의 여신은 인간의 접근을 한사코 거부하고 있었다. 우오즈와 고사카는 거기에 맞서 북알프스에서도 가장 험한 호다카 연봉의 빙벽을 오르려하고 있는 것이다.

우리는 우오즈와 고사카의 심정이었다. 자연 속에 온통 우리를 내 맡겨 맨몸으로 맞서고 싶었다. 이노우에 야스시의 장편소설 '빙벽(氷壁)'의 감동을 고스란히 몸으로 느끼고 싶었던 것이다. 하지만 우리는 용기와 경험이 부족했다. 감히 북알프스 동계등반은 생각할 수조차 없었다. 그래서 우리는 유월을 택했다. 당초에는 그것도 5월이었다. 하지만 들리는 풍문에 산장 자체가 5월에 문을 연다고 하여 짐짓 한 달을 늦추었던 것이 6월이었다. 물론 6월이면 장

· 1956. 9. 12 경북 의성 출생
· 부산수산대학교 졸업
· 한국해양수산개발원 연구위원
· 대한사이버문학 동인
· 해양 칼럼리스트
· 전화 : 010-6209-3364
· e-mail : ysock57@hanmail.net

마의 위험을 배제할 수 없다. 대신 아직 본격적인 시즌 전이라 호젓한 산행을 할 수 있을 것이고, 눈도 어느 정도 녹을 것이기 때문에 우정 6월로 날을 잡았던 것이다.

우오즈와 고사카는 꿈에 그리던 마에호다카 정상을 10여m 앞두고 고사카의 추락사고로 정상 정복에 실패하고 만다. 절친한 자일 파트너였던 고사카의 추락사. 그리고 사고원인을 밝히기 위한 우오즈의 노력과 우오즈에 대한 세간의 의혹들. 우오즈와 고사카를 둘러싼 두 여인의 삼각관계로 소설 빙벽은 산악소설이면서도 순정소설의 분위기로 시작한다. 하지만 고사카 추락의 원인이 된 자일 절단과정의 추리적 요소를 가미함으로써 많은 사람들에게 재미와 등정에 대한 가슴 뿌듯한 감동을 안겨준 명작이 되었다. 이 소설로 인해 얼마나 많은 젊은이들이 산을 동경하게 되었고, 청춘을 불살랐던가? 우오즈는 결국 그들이 그토록 오르고자 동경했던 호다카 빙벽으로 다시 향하지만 새벽안개와 낙석이 난무하는 곳에서 결국 친구 고사카의 뒤를 따르는 것으로 소설은 끝을 맺게 된다. 죽음을 예감하면서도 단독 등반에 나서야만 했던 우오즈의 정신은 오늘날 알피니즘의 원형으로서 많은 산악인의 가슴 속에 투영되고 있다.

우리는 북알프스 등반의 기점인 가미고지(上高地)까지 순식간에 날아갔다. 이른 아침 인천 공항을 출발한 비행기는 오전 중에 나고야에 도착하였고, 미리 예약해둔 렌터카를 이용하여 타카야마를 경유, 가미고지에 도착할 때는 오후 5시에 불과하였다. 거기서 요코오 산장까지는 11km. 아무래도 밝을 때 도착하기는 어려운 시각이었다. 타카야마에서 렌터카를 반납하고 가마고지행 마지막 버스를 탈 때만해도 10여명의 승객이 있었으나 온천지 히라유에서 모두 내리고 종착지인 가미고지까지 가는 승객으로는 오로지 우리 세 명만이 전부였다. 가미고지는 아직 시즌전이기도 했지만 막버

스가 도착한 이후라 황량한 모습이었다. 대부분의 가게가 문을 닫기 시작했으며, 오가는 사람은 거의 없었다. 우리는 마음이 조급해졌다. 어둠도 어둠이지만 등산용 개스를 빨리 구입해야 했기 때문이다. 우리는 묻고 물어 갓바바시 근처의 가게에서 원하는 만큼의 개스를 구입할 수 있었다. 이미 날은 어두워지고 있었으며, 오후부터 흐려지기 시작한 날씨는 빗방울도 뿌리기 시작하였다. 산속 골짜기는 어둠이 빨리 찾아오는 법. 거기다 일본은 우리보다 동쪽에 위치해 있기 때문에 한 시간 가량 일찍 해가 진다. 첫날부터 무리할 필요는 없을 것 같아 요코오 산장까지 가는 것은 포기하고 도중에 있는 도쿠사와 산장 야영장에서 첫날 밤을 맞기로 하였다. 야영신고를 하고 텐트를 설치하고 나니 가는 빗줄기가 내리기 시작한다. 이태 전 야리가다케를 오르면서 비와 강풍으로 고전했던 기억이 되살아 나 불안감을 떨쳐 버릴 수가 없다. 다행히 비는 내려도 바람은 불지 않아 그때보다는 상황이 낫지만 첫날부터 비 속에서 야영하게 되면 다음날 비에 젖은 등산장비 무게 때문에 산행이 매우 어려워진다는 생각에 마음이 무거워졌다. 그래도 그런 내색을 보일 수는 없다. 재규야 이년 전 함께 야리가다케를 올랐기 때문에 원정 경험이 있지만 교남이는 원정이 처음 아닌가? 더구나 무릎 때문에 출발 전부터 걱정이 많았는데… 이런 생각을 알았는지 재규가 너스레를 떨면서 술판을 벌인다. 나도 모른 체하고 함께 술잔을 기울였다. 다행히 등산객이 별로 없어 옹색한 텐트 대신 산장 취사장 속에서 소주잔을 기울이며 원정 첫날밤을 자축하였다.

북알프스는 2년 전 같은 산군에 있는 야리가다케 등정 경험이 이미 있었다. 그때는 재규를 비롯하여 경순, 용만이와 함께였다. 네 명의 젊고 힘찬 대원들로 구성이 되었으나 첫 해외 원정이었던 터라 경험부족으로 몇 가지 과오를 범하였다. 이번 산행에서는 그 때의 과오를 되풀이하지 않기 위해 등반 원칙에 충실하고자 많은 다짐을 하였다. 산행은 철저히 일찍 시작하고 일찍 마친다는 것, 그리고 두 번째는 너무 과다한 음주는 하지 않는다는 것이다. 이에 따라 첫날 밤 정확히 열시에 술자리를 파하고, 잠자리에 들었다. 대신 새벽 네 시에 기상하여 6시에 산행에 나섰다. 교남이와 재규가 그대로 따라주어 고마웠다.

도쿠가와 산장을 나선지 얼마 되지 않아 한 여성이 가벼운 배낭을 메고 혼자 새벽길을 가는 것이 보였다. 말없이 걸음을 빨리하던 우리는 그냥 지나치려다 몇 마디 인사를 하며 말을 붙여 보았다. 그랬더니 놀랍게도 우리가 목표로 하고 있는 북알프스 최고봉 호다카다케(3,190m)까지 간다고 한다. 그것도 혼자서. 아리따운 30대 중반의 여인이 홀로 최고봉을 오른다는 사실에 경외감을 느끼며 우리는 앞서거니 뒷서거니 걸음을 옮겼다.

7시 요코오 산장에 도착하여 간단한 아침식사를 하였다. 이번 산행에서는 재규에게 식재료를 준비시켰는데, 전부 무게가 나가지 않은 야전 식으로 준비했다. 그 바람에 물만 끓여 간단히 식사할 수 있는 편리함은 있었지만 맛깔스런 음식을 즐길 수는 없었다. 요코오 산장은 북알프스 남부 산군에서 산행의 요처가 된다. 가미고지를 기점으로 11km가 되고, 여기서 다시 야리가다케까지 11km가 된다. 적어도 거리상으로는 중간인 셈이다. 또 여기서 산장 앞에 있는 커다란 요코오교를 건너면 거기서부터는 호다카 연봉으로 들어가는 초입이 된다. 그렇기 때문에 산꾼들은 요코오 산장을 중요한 등반 포인트로 삼게 된다. 야리가다케로 가던지, 아니면 호다카 연봉으로 가던지 그 기점이 바로 요코오 산장인 셈이다. 앞서 언급한 소설 '빙벽'에서 이미 요코오 산장은 수도 없이 등장하고 있다. 여기서 거대한 산군과 빙벽, 그리고 우정과 사랑, 삶과 죽음에 대한 고뇌와 감정이 수려한 필치로 묘사되고 있었던 것이다.

식사를 하는데 운무 사이로 햇살이 비치더니 호다카 연봉으로 가는 요코오교 위로 무지개가 선명하게 나타났다. 우리는 환호를 지으며 사진을 찍었다. 우리의 앞길에 서광이 비치는 듯하여 기분이 좋았다. 무지개는 식사가 끝날 때까지 세 번이나 나타나 우리를 기쁘게 했다. 식사를 채 마치기 전, 예의 그 여인이 가볍게 다리를 건너가고 있었다. 재빨리 식사를 마치고 산행을 하는 모습이 아주 경쾌해 보인다. 눈인사를 한 우리도 서둘러 식사를 마치고, 등반에 나섰다. 웅장한 현수교의 요코오교를 건너는데 안내판이 나온다. 지금부터는 등산구역이므로 지도나 장비가 없는 사람은 출입을 삼가는 경고문이다. 숙연한 생각이 들었다.

요코오 산장에서 호다카 연봉으로 오르기 위해서는 호다카 연봉 바로 밑에 있는 가라사와 휫테가 정상 공격의 기점이 된다. 그 도중에 다시 혼타니바시라는 다리가 있는데, 요코오 산장에서 이 다리까지가 2.9km, 여기서 다시 가라사와 휫테까지 2.4km이다. 하지만 진정한 산행은 이 다리부터라고 할 수 있다. 왜냐하면 혼타니바시까지는 고도차가 크게 나지 않는 비교적 평탄한 등반로이지만 혼타니바시를 건너면 그때부터 급격하게 고도를 높이고 때에 따라서는 자일을 연결해 놓을 만큼 험로가 시작되기 때문이다. 우리는 혼타니바시를 지나 한동안 오름길을 오르다가 드디어 첫 번째 설계(雪界)를 만났다. 여기서부터 여름에서 겨울로 접어들기 시작하였다. 간헐적인 눈길이지만 여름에 눈을 만난다는 것이 신기하였다. 이러던 것이 가라사와 휫테가 저 멀리 보이는 순간, 거기서부터는 온통 눈의 골짜기였다. 바로 한 겨울로 들어온 것이다. 우리는 눈에 길이 덮여 천지분간도 할 수 없는 곳을 대충 방향만 잡고 무작정 휫테를 향해 오르기 시작했다. 아직 경사가 그렇게 급한 것은 아니어서 그런대로 진행은 할 수 있지만 정작 우리를 두려움에 빠뜨리는 것은 크레바스에 빠지지 않을까하는 것이었다. 왜냐하면 눈 골짜기 밑은 계곡물이 흐르기 때문에 보이지는 않지만 물이 흐르는 곳은 눈이 많이 녹았을 것이기 때문이다. 그래서 앞 사람이 지나간 발자국을 조심스럽게 밟으며 휫테로 나아갔다. 하지만 저 위에 보이는 휫테는 가도 가도 그 자리였다. 아침 이슬비에 살짝 젖은 눈은 매우 미끄러웠고, 거기다 해가 나기 시작하자 온 몸은 땀으로 범벅이 되었는데, 땀 닦느라 수시로 멈추어 도무지 속도를 낼 수가 없었기 때문이다. 이렇게 휫테를 보며 오르기를 얼마나 했을까?

드디어 휫테에 도착. 우리는 탄성을 질렀다. 휫테에서 호다카 연봉을 보는 순간 입을 다물 수가 없었기 때문이다. 우리가 올라온 골짜기를 제외하고 세 면이 파노라마처럼 눈의 설벽을 이루고 있었다. 아! 이것이야말로 소설 빙벽의 실제 모습이었다. 6월이라 빙벽은 많이 사라졌지만 대신 눈으로 온 연봉들이 뒤덮여 있었다. 빙벽대신 설벽이었다. 먼저 진행방향에서 왼쪽에서부터 마에호다카다케, 그 오른쪽에 오쿠호다카다케, 그리고 정면에 호다카 연봉의 정상이자 북알프스 통틀어 최고봉인 호다카다케가 위용을 자랑하고 있었고, 호다카다케의 오른쪽에는 기타호다카다케가 병풍을 두른 듯 우리를 압박하고 있었다. 하늘에는 새털구름이 군데군데 무리를 짓고, 그 사이로 6월의 강한 태양이 눈과 싸움을 하고 있었다. 우리는 휫테 지붕 위까지 쌓인 장엄한 눈의 위용에 한동안 넋이 빠졌다. 알프스와 히말라야를 경험해 보지 못한 나로서는 여름 눈의 장엄함에서 벗어날 수 없었다. 한국에서 겨울 설악과 지리산의 눈을 많이 경험해 보았지만 이처럼 초하의 태양 아래 펼쳐진 눈의 장관은 일찍이 경험해 보지 못한 경외스러움, 그 자체였다.

휫테 안은 조용했다. 시간은 이미 12시가 되어 있었다. 요코오 산장에서 5.3km 거리이지만 눈 때문에 4시간이나 소요되었던 것이다. 일단 정신이 들자 갑자기 허기가 엄습해 왔다. 여기까지 오르느라 얼마나 진을 뺐는지 그동안 미처 허기를 느끼지 못했던 것이다. 일단 점심을 먹기로 했다. 휫테 구석에서 점심으로 라면을 먹고 있는데, 휫테에서 예의 그 여인이 나오면서 환한 미소로 인사를 한다. 휫테에서 점심을 매식하고 막 호다카 산정으로 출발하려는 참이었다고 한다. 그런데 대수롭지 않게 보았던 여인이었지만 착용한 장비를 보는 순간 입이 벌어지고 말았다. 우리는 한국에서 즐겨 사용하는 간단한 고무신형 아이젠과 스패츠가 장비의 전부였지만, 이 여인은 12발 크램폰 아이젠에다가 슬링에 연결한 빙벽 피켈을 들고 있었던 것이다. 더구나 배낭 뒤에는 헬멧까지 매단 품새가 완전 동계 산악인의 장비가 아닌가?

갑자기 주눅이 들었다. 우리의 장비로 과연 오를 수 있을까? 눈이 있을 줄은 알았지만 6월이면 어느 정도 눈이 녹아 있을 줄 알았던 것이다. 그래도 우리 딴에는 만반의 준비를 한답시고 고무신형 아이젠과 스패츠를 준비하였고, 또 스틱을 잘 활용하면 완벽할 것이라고 생각했다. 우리는 아침부터 인연이 있었다고 체면을 무릅쓰고 일단 루트를 물어 보았다. 급경사의 설벽을 오르기 위해서는 최소한의 루트는 알고 있어야 했기 때문이다. 휫테에 대략적인 약도는 그려져 있었지만 도대체 알아 볼 수가 없었다. 산정으로 오르는 사면들이 온통 눈에 뒤덮여 있었기 때문에 등반 기점과 루트 표시가 사라져버린 탓이다. 그녀는 열심히 손가락으로 루트를 설명해 주었다. 하지만 도무지 종잡을 수 없었다. 그리고 과연 오를 수 있을까하는 의문이 다시 머리 속을 맴돌았다. 다만 내심 이 여자가 오르는 곳을 유심히 보면서 따라가면 되겠다는 생각은 어렴풋이

들었다. 그러던 차에 재규가 지나가는 말로 우리와 함께 가면 어떤가하니 아이젠만 있다면 그리하겠다고 흔쾌히 대답한다. 이런 절호의 기회가 어디 있는가? 우리는 서둘러 등반준비를 하였다. 아이젠과 스패츠를 착용하고 배낭끈을 다져 맸다. 하지만 우리의 고무신형 아이젠을 본 그 여인은 아주 황당해하는 표정을 지었다. 그리고 신기하다는 듯이 아이젠을 만져보기도 하고 사진도 찍었다. 12발 크램폰 아이젠에 비하면 우리의 고무신 형 아이젠은 장난감과 같았던 것이다. 창피한 생각이 들었다. 50여년을 산에 다녔으면서도 산에 대한 무지를 드러내는 듯해서 얼굴이 화끈거렸다. 그래도 한국에서는 산깨나 탄다고 생각했는데… 인수봉, 선인봉, 적벽, 장군봉 등 수많은 클라이밍 등반과 설악산, 지리산을 비롯한 종주라는 종주는 다해 봤다고 자부해왔던 터라 쥐구멍에라도 들어가고 싶었다.

아무튼 정보의 부재이다. 출발하기 전 북알프스에 대한 정보를 수도 없이 뒤졌고, 2년 전에는 야리가다케의 경험도 있었지만 정작 6월의 북알프스에 대한 정보는 입수하지 못했다. 한국인으로서 6월의 북알프스 등반 기록은 별로 찾아보지를 못했기 때문이다. 하지만 어쩌랴. 여기 와서 그대로 주저앉을 수는 없지 않는가? 그동안 최선을 다해 왔듯이 여기서도 최선을 다하면 될 것이다. 우리는 괜찮겠느냐고 재차 물었더니 괜찮다고해서 그녀를 따라 나섰다(나중에 안 것이지만 그녀 이름은 미와(美和)였다). 미와는 경쾌하게 스텝을 밟으며 호다카를 향해 오름짓을 하기 시작했다.

가라사와 휫테에서 호다카 산정까지는 표고차가 740m이다. 가라사와 휫테의 고도가 2,450m. 거기서 정상인 호다카까지 경사 45도의 급경사면이 그대로 이어진다. 이것은 호다카 뿐만 아니라 앞서 언급한 삼면의 봉우리들 모두가 마찬가지이다. 경사 45도라는 것은 클라이밍에서 흔히 말하는 '슬랩'에 해당할 정도로 경사도가 심하다는 것을 의미한다. 이것이 만약 바위라면 확보를 받으며 올라야 할 정도의 경사도인 것이다. 미와의 설명에 의하면 눈이 최고로 많이 녹는 8,9월에는 너덜지대가 부분적으로 드러나 나름대로 바위 길이 이어지지만 10월부터 이듬해 7월까지는 눈밖에 없기 때문에 아무 곳이나 그냥 가면 된다고 한다. 그래서 12발 크램폰 아이젠과 만약의 슬립에 대비하여 빙벽 피켈이 필수적이라고 한다. 우리는 다행히 미와가 찍어 놓은 발자국만 밟으며 한발 한발 정상을 향해 오름짓을 반복했다. 고무신형 아이젠만으로 호다카를 오른다는 것이 얼마나 무모한 것인가를 새삼 깨닫게 되었다(이런 사실은 다음 날 더욱 뼈저리게 깨달을 수 있었다).

얼마나 올랐을까 온 몸이 땀으로 젖어 들었다. 미와는 우리를 좀 더 안전한 곳으로 안내하기 위해 설벽 중앙에 튀어나온 암릉 지대로 올라섰다. 그리고 헬멧을 썼다. 그야말로 등반의 FM을 그대로 보여주는 듯 했다. 우리는 암벽등반을 하면서도 헬멧을 쓰지 않는 경우가 얼마나 많았던가? 그런데 눈 산을 오르면서 헬멧을 쓰다니…(하지만 추락이나 낙석을 대비하기 위해서는 헬맷 역시 필수적이다)

암릉에 올라 잠깐의 휴식을 취했다. 그리고 눈을 들어 주위를 조망하였다. 우리는 표고차 740m의 급경사면 한 가운데 위치해 있었던 것이다. 가라사와 휫테가 발아래 까마득하게 보였다. 그리고 기타호다카다케 쪽으로 한사람이 올라가는 것이 보였다. 흰 눈벽에 개미 한 마리 붙어있는 듯 했다. 갑자기 실베스터스탤론 주연의 영화 클리프행어가 생각났다. 온통 눈세계에서 악당들과 대결을 하는 산악영화 아닌 산악영화를 재미있게 보았던 기억이 살아났다. 일찍이 경험하지 못한 곳에서 낭만적인 생각이라니…

우리가 호다카 산장에 도착한 것은 5시가 다 되어서였다. 그나마 미와는 일찌감치 발자국만 남겨 놓은 채 산정으로 올라가 버렸고 우리는 시간을 많이 지체한 채 기진맥진하여 겨우 산정에 설 수 있었다. 우리가 시간을 지체한 것은 아이젠이 부실한 것도 원인이었지만 무엇보다 무거운 박 배낭을 맨 채 표고차 740m를 올랐던데 더 큰 원인이 있었다. 동계 등반은 아니지만 설벽 등반을 이렇듯 박 배낭을 메고 오르는 것을 용감하다고 해야 할지 무식하다고 해야 할지 판단이 서지 않았다. 이 나이에 이렇듯 패기를 보이는 것은 용기도 아니고 만용도 아니고 아무 것도 아니다. 그저 한국적 등반행태를 실현해 보일 뿐이다. 정열의 표시는 더더욱 아니다.

어쨌든 우리는 산정에 올랐고, 무거운 박 배낭을 메고 왔던 만큼 산정에서 비박을 하기로 하였다. 산 능선은 바람이 엄청나게 센 법. 그래서 조금이라도 바람을 덜 받으려고 남측 돌 벽 옆에 텐트를 쳤다. 우리가 텐트를 치는 동안 미와는 호다카 정상을 가볍게 다녀왔다. 우리는 저녁 식사 후 소주 파티에 미와를 초대하기로 하였다. 미와는 약속대로 산장에서 식사 후 잠깐 우리 텐트를 방문하였다. 그리고 소주 몇 잔을 마시면서 산행에 대한 재미있는 이야기들을 들려주었다. 우리는 한국산에 대해 열심히 설명하였다. 인수봉과 선인봉, 그리고 설악산 이야기를 해 주었다. 가을 한국 산의 아름다움에 대해 설명해 주었다. 미와가 돌아가고 나서도 우리는 무사히 산정에 올랐음에 기뻐하며 계속해서 술잔을 비웠다.

하지만 우리의 술자리는 평안치 못했다. 어둠이 몰려옴에 따라 바람이 점점 거세지더니 10시가 넘을 무렵부터는 세찬 강풍으로 변하고 급기야 자정을 넘기면서는 폭풍으로 변했다. 비는 오지 않았으나 능선에서의 세찬 바람은 우리를 밤새 잠들지 못하게 했다. 3,000m의 고봉을 넘어오는 강풍은 호다카 연봉 사이의 안부를 매우 빠르게 흐르며 우리 텐트를 날려버리기라도 할 듯 세차게 흔들어댔다. 좁은 안부를 지나가는 바람은 '베르누이의 정리' 때문인지 고음의 호각 소리를 내더니 결국에는 텐트 플라이 고정 줄을 끊어버렸다. 세찬 바람에 펄럭이는 플라이를 방치할 수 없어 우리는 플라이를 걷어 버렸다. 거의 풍찬노숙 신세였다. 하지만 귀를 찌를듯한 바람에도 불구하고 먼 데 하늘은 평안해 보였다. 멀리 밤하늘에는 어두운 가운데서도 희뿌연 모습을 간간히 보여주었다. 그리고 바로 앞쪽의 호다카 정상은 교교히 우리를 내려다보고만 있었다. 우리는 바람과 싸우며 거의 뜬 눈으로 밤을 보냈다. 새벽 5시쯤 되었을까? 앞쪽 하늘이 밝아지기 시작했다. 여명이 밝아오는 것이다. 나는 침낭 속에서 환성을 질렀다. 일출이다! 잘하면 일출을 볼 수 있을 것이다. 교남이와 재규는 노숙자 마냥 침낭 속에 몸을 숨기며 일출은 아직 멀었다고 한다. 하지만 여기는 일본이다. 우리보다 한 시간 먼저 해가 뜨는 법. 나는 서둘러 카메라를 꺼냈다. 6월이지만 설산의 고봉에서는 기온이 쉽게 영하로 떨어진다. 오늘같이 바람이 많이 불 때는 체감온도가 영하 10도는 됨직했다. 실제로 등산화는 이미 꽁꽁 얼어 있었다. 그래서 발을 집어 넣을 수가 없었다. 할 수 없이 그냥 침낭 속에서 카메라를 들고 동쪽 하늘을 응시했다.

일출, 3,000m 고봉에서 노숙한 후의 일출. 그 장엄함은 겪어보지 못한 사람을 알 수가 없다. 마치 우주선 속에서 일출을 맞이하는 듯 했다. 어둠 속에서 사위가 밝아 오더니 드디어 먼 동쪽 끝에서 떠오르는 불덩이… 나는 30분 넘게 무아지경에 빠졌다. 그 순간은 매운 칼바람도 700m 표고차의 설벽도 의식하지 않고 그냥 태양과 나만의 교감에 몰입하였다. 뒤따라 일어난 교남과 재규도 떠오르는 태양을 멍하니 쳐다보고 있었다. 두 후배의 얼굴이 붉게 빛났다. 그리고 바로 앞에 보이는 호다카의 눈 덮인 산정도 붉게 빛났다. 텐트도, 바위도 피사체란 피사체는 모두 붉게 빛났다.

우리는 한동안 눈부신 일출을 보느라 넋을 잃었다가 서둘러 자리를 정리했다. 바람은 다소 잦아들었지만 너무 추워 몸을 움직이지 않을 수 없었던 것이다. 대충 자리를 정리하고 식사를 하고 나니 몸이 훈훈해졌다. 이제 오늘 갈 길을 결정해야 한다. 원래 계획으로는 호다카와 오쿠호다카다케를 넘어 가미고지로 바로 향할 계획이었으나 우리의 장비를 본 미와는 호다카를 넘는 것은 위험하다고 극구 말렸다. 호다카 너머는 츠루기라고하는 나이프릿지가 있기 때문이다. 더구나 미와와 같은 선행자의 발자국조차 없는 칼날 능선을 우리의 장비로 넘는다는 것은 그야말로 우오즈의 무모한 도전과 다를 바가 없는 것이다. 우오즈야 고사카의 죽음과 유부녀인 미나코와의 갈등 속에 자신을 내던지기 위해 무모하다는 것을 알고도 등정에 나섰지만 나야 고사카도, 미나코도 아무도 없지 않는가? 결코 무모한 짓을 할 이유가 없는 것이다. 그래서 우리는 어제 왔던 길을 다시 되짚어 내려가기로 하였다.

호다카도 오르고, 사진도 어느 정도 찍은 후 우리는 미와보다 한 발 앞서 어제 올라 왔던 길을 되짚어 내려가기 시작했다. 하지만 걱정이 앞섰다. 어제 왔던 발자국 흔적을 되짚는다고는 하지만 하산 길은 올라올 때보다 훨씬 더 위험하기 때문이다. 올라올 때야 힘은 들지만 슬립에 대한 위험성이 낮은 반면 하산 길은 슬립의 위험성이 훨씬 더 높다. 더구나 고무신형 아이젠만으로 이 장대한 설사면을 하산한다는 것은 폭포 위에서 외줄타기 하는 것만큼이나 살 떨리는 일이라 하지 않을 수 없다. 비록 가라사와 휫테가 보인다고는 하나 까마득한 표고차에서 미끄러져 추락한다는 것은 도저히 상상도 할 수 없는 일이기 때문이다.

여러 모로 궁리하던 중 우리는 안자일렌 방식을 택하기로 했다.

다행히 20m 보조 자일을 가져온 것이 있기 때문에 카라비나를 이용하여 각자의 몸을 연결하였다. 내가 선두에 서고, 다리가 불편한 교남이가 세컨, 재규가 말번을 서기로 했다. 그리고 우리는 한사람이 5~6m 내려가는 동안 확보를 봐 주고, 그 다음에 뒤 사람이 내려가는 식으로 하는 안전한 방법을 택했다. 클라이밍 방식이다. 이것이 비록 속도는 더디지만 훨씬 안전하고 슬립에 대한 마음 속의 두려움도 사라지게 한다.

한 시간 정도 내려 왔을까? 어느새 온 몸은 땀으로 범벅이 되었다. 무거운 박 배낭은 어깨 위에서 짓누르고 조금만 발란스를 잃어도 온 몸을 지탱하기 어려웠다. 한발 재겨 디딜 곳조차 없기에 쉰다는 것은 애초부터 상상도 할 수 없었다. 아무리 잰 걸음으로 내려온다고 해도 가라사와 휫테는 까마득한 그 모습 그대로였다. 표고차 700m의 설벽은 우리를 끊임없이 공포감에 휩싸이게 했다. 미끌어지는 상상만해도 현기증이 났다. 순간순간 절망감만이 엄습해왔다. 그런 생각을 하면서 오른발을 내딛는 순간 휘청하더니 순식간에 몸이 옆으로 쓰러지면서 급경사면으로 빨려 내려갔다. "앗" 하는 단말마와 함께 스틱으로 눈 사면을 급하게 찍었으나 무거운 중력의 힘은 스틱을 튕겨낸 채 추락하고 말았다. 이어 팽팽한 자일의 느낌이 허리에 튕겨 오는가 싶더니 어느새 내 몸은 자일에 매달려 있는 것을 깨닫게 되었다. 5m 정도의 추락. 하지만 자일에 연결되어 있어서 내 몸은 더 이상 추락을 면할 수 있었다. 재빨리 중심을 잡으려 하였으나 한번 추락한 사지는 버둥거리기만 할 뿐 어디에도 힘을 줄 수가 없었다. 안자일렌이 아니었더라면… 하는 안도감과 함께 머리 속은 온통 하얀 백지상태와 같았다.

추락의 충격이 얼마나 컸던지 순간적으로 설사면에 내리 찍었던 스틱은 뺄 수가 없을 정도로 깊게 박혀 있었다. 그리고 부러져 있었다. 재규가 그것을 빼려고 애를 쓰고 있는 것을 만류했다. 어차피 부러진 것. 수리할 수야 있겠지만 여기서 사용은 어렵기 때문에 포기하고 그냥 가기로 했다. 한번 슬립을 당하고 나니 다리에 힘이 빠져 제대로 서 있을 수조차 없었다. 그 이후 한동안 더 내려가다가 이번에는 교남이가 슬립을 먹었다. 하지만 그때도 자일에 연결되어 있어 치명적인 추락은 피할 수 있었다.

암릉 위에 섰다. 조금 숨을 돌릴 수 있었다. 아직도 내려가야 할 길은 까마득하다. 10시가 넘었다. 세 시간째 사투를 벌이고 있지만 아직 절반도 못 왔다. 해가 중천에 떠 있다. 어제 밤 그 무섭던 강풍과 추위는 어디로 갔는지 태양은 이글거리기만 한다. 식수가 다 떨어졌다. 지금부터가 걱정이다. 식수가 떨어진 후의 고통이 걱정되는 것이다. 태양의 복사열로 인해 얼굴이 타는 것을 막기 위해 목 터프를 머리까지 덮어썼다. 그리고 다시 일행을 재촉해 하산 길을 서둘렀다. 늦어도 점심시간까지는 휫테로 내려가야 하기 때문이다.

다시 설사면으로 내려왔다. 일단의 일본 팀들이 조금 떨어진 곳에서 내려가는 모습이 보였다. 기타호다카 산장에서 묵었던 팀인 모양이다. 그들은 빠른 속도로 우리를 추월해 버렸다. 안자일렌으로 서로를 묶은 것은 우리와 같으나 한결같이 12발 크램폰 아이젠과 헬멧, 그리고 아이스피켈을 가지고 일사불란하게 하산을 하고 있었던 것이다. 그에 비해서 우리는 여전히 한발 한발, 그것도 서로를 확보해가면서 하산하려니 그들 속도의 반의반도 못 내었다. 장비의 허술함을 새삼 깨닫게 되었다.

우리는 인내하지 않을 수 없었다. 그나마라도 큰 사고 없이 하산할 수 있는 것은 순전히 호다카의 산신 덕분일 터였다. 그 사실에 감사하지 않을 수 없었다. 목이 점점 타오르고, 입술이 바싹바싹

마르기 시작했다. 몇 걸음 내려와서 후등인 교남이가 내려오기 전에 얼른 눈을 한 주먹 입에 퍼 넣었다. 방사능에 오염되었을지도 모른다는 의식이 들면서도 그 시원한 맛은 무엇에 비할 수가 없었다. 그날 가라사와 휫테까지 내려오면서 아마 수십 주먹은 퍼 먹은 것 같다.

작열하는 태양을 온 몸으로 받으며 우리가 가라사와 휫테에 무사히 도착한 것은 2시가 다 되어서였다. 호다카 산장을 떠난지 7시간 만이었다. 올라갈 때 세 시간 걸렸던 길을 내려오는데 7시간이나 걸린 것이다. 그것도 가라사와 휫테를 빤히 내려다보면서. 표고차 700m, 직선거리 1km 조금 더되는 거리를 7시간이나 걸려 하산한 것이다. 그래도 우리는 뿌듯했다. 살 떨리는 설사면을 정말 살아 내려올 수 있었던 것에 감사했다. 휫테는 고요한 가운데, 작열하는 햇볕을 받아 뜨겁게 달구어져 있었다. 우리는 땀이 줄줄 흐르는 옷을 벗고, 물에 젖어 퉁퉁 불은 신발과 고무신 아이젠을 벗어 말렸다. 자일도 눈에 젖어 물이 뚝뚝 떨어졌다. 우리는 휫테 데크 나무 테이블에 앉았다. 수위를 둘러싸고 있는 호다카 연봉의 설사면들은 말없이 우리를 내려 보고 있었다. 우리가 묵었던 호다카다케, 왼쪽의 마에호다카다케, 그 사이의 오쿠호다카다케, 오른쪽의 기타호다카다케는 서로 키를 재는 듯, 우리를 둘러싸고 우리를 향해 미소 짓고 있는 듯 했다. 우리는 삶과 죽음의 경계를 넘어 온 기쁨에 겨워 사치스럽지만 생맥주를 주문했다. 생맥주 500cc잔을 들고 우리가 내려왔던 호다카 연봉의 설사면을 한없이 응시했다. 그리고 우리의 삶과 앞날의 행운을 위해 잔을 높이 들었다.

투망과 인생

고기잡이 중에 투망이란 것이 있다. 그물을 손에 들고 던져 고기를 잡는 것인데 여름철 냇가에서 흔히 볼 수 있다. 손으로 던져 잡는 어법이기 때문에 별 것 아닌 것으로 생각하기 쉽지만 기술정도에 따라 어획성능이 천차만별이다. 아프리카나 동남아시아, 또 우리나라에서도 이 어법으로 생활하는 어부들이 꽤 있지만, 대부분은 취미생활로 투망을 하고 있다.

직업 투망꾼들이 던지는 투망은 추의 무게와 그물 크기가 다르다. 추도 무겁고, 그물도 크기 때문에 넓게 펼쳐지고 깊은 물에서도 투망질이 가능하다. 그래서 큰 고기를 잡을 수 있는 반면에 취미생활로 사용하는 투망은 가벼운 추를 사용하고 그물도 작기 때문에 얕은 물에서 작은 물고기만을 잡을 수 있다. 취미생활로 쓰는 투망에서는 주로 피라미, 모래무지, 꺽지, 붕어새끼와 같이 얕은 물에서 노는 물고기가 주로 잡힌다.

투망을 던지는 방법도 몇 가지 있는데, 가장 일반적으로는 투망줄 끝에 올가미를 왼쪽 손목에 걸고 적당한 간격으로 줄을 1/3 정도까지 사린 후, 남은 투망 안쪽의 적당한 곳을 잡아 왼쪽어깨에 걸치고, 오른손으로는 투망 밑부터 얽히지 않게 잘 사려서 왼손과 반씩 나눠 던지는 방법이다. 이 외에도 지방과 그물에 따라 몇 가지 던지는 방법이 더 있으나 기본적으로 원심력을 이용해 그물을 펼치는 원리는 똑 같다. 문제는 힘과 균형인데, 그물이 잘 펼쳐지기 위해서는 우선 어깨 힘이 좋아야 하며, 다음으로 그물이 앞으로 펼쳐질 때 어깨와 오른 손, 그리고 허리 돌릴 때의 균형과 타이밍이 잘 맞아야 한다. 초보자들은 이것이 서툴러서 그물이 원형으로 펼쳐지지 못하고 뭉쳐 고기를 제대로 잡을 수 없게 된다.

1990년대까지만 해도 투망은 여름철 갯가 놀이의 대명사였다. 천렵을 즐기는 사람들이 삼삼오오 모여 갯가에 솥을 걸고 불을 피워 민물매운탕을 끓여 먹는 모습을 흔하게 볼 수 있었으나 지금은 단속 대상이 되어 잘 볼 수 없다. 원래 천렵은 우리 민족의 고유한 여름 나기 풍경이었다. 모내기와 보리베기 등 바쁜 농번기를 보내고, 장마철이 지난 다음 한순간 찾아오는 휴식기에 즐길 수 있는 손쉬운 소일거리였다. 복날을 전후해서는 복달임으로도 많이 애용되었다. 마을 사람들이 모여 친목도 다지고 농번기에 쇠약해졌던 몸을 보할 수도 있는 것으로 천렵만한 게 없었기 때문이다. 옛날에는 마을 앞 개울에서 손쉽게 천렵을 즐길 수 있었다. 대 소쿠리나 싸리 소쿠리만 가지고도 피라미나 미꾸라지를 지천으로 잡을 수 있었으나 농약 사용이 늘어나 수질이 악화되고, 놀이객이 증가해 남획이 심해짐에 따라 시골 갯가의 어족자원도 점점 줄어들게 되었다. 그래서 옛날같이 대 소쿠리나 싸리 소쿠리로 고기를 잡기는 어려워지자 그것보다 어획 강도가 조금 더 높은 투망을 사용하게 되었던 것이다. 그러던 것이 투망도 어획강도가 높아 내수면 어족자원을 고갈시킨다고 하여 신고를 하지 않고 투망하는 것을 금하고 있으니 세상이 많이 각박해진 것만은 틀림없다.

어쨌든 여름철 투망의 재미는 쏠쏠하다. 얇은 셔츠 하나만 걸치거나 그것도 거추장스러우면 아예 웃도리를 벗어 버린 알몸으로 물을 첨벙거리며 헤집고 다니는 것도 재미있고, 물고기가 있을 만한 곳을 찾아 투망을 던진 후 얼마나 잡혔을까하는 기대감에 젖는 짧은 순간도 즐겁다. 친구나 동생들에게 주전자나 양동이를 들려 데리고 다니며, 투망할 데를 찾아다니다가 개구리나 뱀을 쫓는 것도 즐겁다. 여러 번 투망을 던진 후 허리 쉼을 하려고 먼 하늘을 쳐다보면 흰 구름이 양떼를 몰고 가는 풍경이 정겹고, 햇빛에 반사되어 반짝이는 개울의 은물결에 눈이 부시어 미간을 찌푸릴 때도 뭔지 모를 황홀감에 젖어든다. 사실 잔뜩 허리를 구부리고 그물을 사리고 허리를 폈을 때 강한 햇살에 현기증을 느끼면 순간 비틀거릴 때도 있지만 이내 현기증은 아스라한 환희감으로 바뀌게 된다.

필자는 중학교 2학년 때까지 다양한 천렵을 섭렵했다. 겨울이면 자동차 밧데리로 개울 물고기를 잡는 것부터 시작해서 봄이면 족대를 들고 개울가를 뒤졌으며, 가을이면 대 소쿠리나 싸리 소쿠리로 미꾸라지 잡으러 돌아다녔다. 특히 가을에는 여러 명이 공동으로 개울을 막고 물을 퍼내면 뱀장어, 메기 등 굵직한 고기들이 많이 잡혔다. 1970년대 초 새마을 운동이 전국으로 퍼져 나갈 때는 건설용 시멘트나 횟가루를 손쉽게 구할 수 있었다. 이것을 이용해서 물고기를 잡기도 하고, 산에서 독초를 짓이겨 고기를 잡기도 했다. 심지어는 어른들이 청산가리를 이용해서 고기를 잡는데 따라다니기도 했다.하지만 지금 생각하니 시멘트나 약을 써서 고기를 잡는 것은 운치도 없을 뿐만 아니라 생태학적으로나, 위생적으로도 잘못된 일임에 틀림없다. 하지만 순수한 천렵만큼은 너무나 낭만적인 일이라 하지 않을 수 없다.

그런 다양한 천렵 행각은 중학교 3학년에 올라가고부터 중단이 되었는데, 천렵에 다시 재미를 붙인 것은 결혼을 하고나서이다. 결혼 후 여름철이면 개울에 물놀이를 가기 시작했는데, 여기서 투망을 배우게 된 것이다. 투망질을 하고나서 잊지 못할 곳으로는 영월 동강과 한탄강을 들 수 있다. 영월 동강은 오늘날 래프팅으로 유명한 곳이 되었지만 1990년대만해도 어라연계곡으로 이름이 알려져 있을 따름이었다. 동강이라는 명칭도 당시에는 잘 알려져 있지 않았고, '물고기 비늘같이 반짝이는 물 웅덩이'라는 뜻의 어라연(魚羅

淵)이라는 명칭으로만 통했다. 물론 그때도 그 곳은 역시 소수의 사람들만이 아는 곳이었다. 필자 부부는 친구부부를 꼬드겨 지금의 동강인 어라연계곡으로 야영을 갔는데, 가는 날이 장날이라고 밤새 폭우가 쏟아졌다. 텐트 두 동을 쳐 놓고 친구와 나는 밤새 보초를 서며 물난리에 대비를 했고, 텐트 안으로 쏟아져 들어오는 물을 퍼내느라 정신이 없었다. 이튿날 아침 그렇게 호언장담했던 어라연 동강 물은 성난 흙탕물로 변해 있었다. 종일 고기 비늘 같이 반짝이는 곳에서 물놀이를 하고, 투망으로 맛있는 매운탕을 끓여 주겠다는 나의 호언장담이 공수표가 되어 너무 부끄러운 나머지 텐트에서 나올 수조차 없었다. 하지만 친구는 그럼에도 투망을 치자고 졸라댔다. 다행히 날은 맑게 개어 뭉게구름이 떠있는 전형적인 여름 날씨가 되었지만 강물은 여전히 흙탕물 그대로였다. 친구의 끈질긴 요청에 필자는 이판사판이라는 심정으로 투망을 던졌다. 그런데, 이게 웬 일인가? 첫 투망에 돌멩이가 걸린 것으로 착각할 정도로 무거웠던 투망이 물고기 천지가 아닌가? 허겁지겁 다시 던져 보았더니 아뿔싸. 또 그런 것이 아닌가? 아직 기적을 제대로 느낀 적은 없지만 그건 분명 기적에 가까웠다. 흙탕물이라 물 속 사정을 알 수가 없지만 고기란 고기는 죄다 물 가장자리로 몰려나온 것 같았다. 물고기들이 서로 잡히려고 아우성을 치는 것 같았다. 우리는 그날 수백 마리의 고기를 잡았다. 고기도 흔한 피라미가 아니라 보통 개울에서는 보기 힘든 꺽지, 쉬리, 모래무지 천지였다. 손바닥만한 꺽지는 회를 떠서 먹었는데 그 맛이 천하 일미였다. 어라연에서의 추억은 이듬해 한탄강에서 또 한 번 느낄 수 있었다.

얕은 물에서의 투망은 고기를 보고 던진다. 고기는 떼를 지어 헤엄치는데, 헤엄치는 방향을 보고 그물을 던져야 많은 고기를 잡을 수 있다. 반면 깊은 물이나 흙탕물에서는 고기가 보이지 않는다. 그래서 고기가 있을 만한 곳을 골라 투망질을 한다. 그렇기 때문에 어떤 고기가 얼마나 잡힐지는 알 수 없다. 다만 그물을 건져 올릴 때 당기는 손맛에 의해 고기가 많이 잡혔는지 그렇지 않은지 느낄 따름이다. 큰 고기가 잡혔을 때는 고기가 그물에서 몸을 떠는 것을 느끼기도 한다. 투망할 때마다 매번 많은 고기가 잡히는 것은 아니지만 가끔씩 여러 종류의 고기가 한꺼번에 잡힐 때는 기분이 좋다.

오랜 세월동안 천렵과 투망을 하였지만 안빈낙도의 삶으로써 천렵과 투망은 제격이라 할 수 있다. 다만 요즘은 신고 없이 투망을 할 수 없기에 그것이 다소 아쉽기는 하지만.

투망에서 인생을 투영한다면 예기치 않은 때, 예기치 않은 곳에서 물고기를 조우한다는 점이 비슷하다. 삶도 예기치 못한 곳에서 예기치 못한 만남들이 이루어지기 때문이다. 그러한 만남은 새로운 만남도 있고, 과거의 인연이 다시 연결되어 이루어지는 만남도 있다. 상당한 연륜의 삶을 지나고 난 지금에 와서 생각해 보면 크고 작은 인연들이 많이 만들어졌다. 하지만 삶을 지속하다보면 그러한 인연들이 다시 그물 속에서는 만날 수도 있고 그렇지 못할 수도 있다. 투망에서 예기치 못한 고기들을 잡을 수 있듯이, 인생에서 예기치 못한 만남들이 이루어지고, 헤어졌던 인연들이 다시 연결되기도 하기 때문에 삶은 투망과 같이 재미있는 것이라 할 수 있다. 그것을 생각하면 현재의 작은 만남이라도 소중히 해야겠다는 생각을 하게 된다. 왜냐하면 지금의 작은 인연들이 언제 다시 새로운 인연이 되어 만날지 알 수 없기 때문이다. 마치 투망에 걸린 고기들처럼.

해당화와 내 큰 누님

해당화를 처음 만나던 그때의 내 나이가 열 살이었다. 열두 살이나 더 많은 큰 누님이 시집을 가고, 바닷가 마을로 이사하던 그해 유월 모래언덕에서 붉게 핀 해당화 꽃을 처음으로 보았다. 오색 금줄이 둘려진 택시를 타고 돌아보고 또 돌아보던 큰 누님의 한복 치마저고리 색깔이 해당화 붉은 꽃잎에 묻혀있었다. 꽃잎에 얼굴을 들이밀자 단장한 큰 누님의 분내가 솔솔 풍겨 나왔다. 민들레 질경이. 쇠비름 바랭이. 모두가 질겁하고 달아난 모래더미에 해당화는 지천으로 널려있었다. 하지만 나는 그곳을 떠나오며 생각하기 싫은 거기서의 추억과 함께 해당화의 기억도 모래 속에 묻어버렸다.

오랜 세월이 흘러 금강산 관광이 단절되던 그해 유월에 나는 해당화를 다시 만났다. 내금강 가는 길목에 자리한 표훈사 앞마당에 핀 모란꽃밭 한 가운데에 해당화 한 그루가 있었다. 놀라운 것은 누구도 거기 해당화가 있는 줄 절의 스님조차 모른다는 사실이었다. 내가 일깨워 주어도 변이종 모란으로 모두가 치부하였다. 꽃잎에 얼굴을 들이밀자 그 전해에 꽃으로 변신하신 큰 누님이 떠올려

· 1954년 경남 산청출생
· 문학사랑 신인작품상 수상
· 문학사랑 인터넷문학상.수상. 경남신문신춘문예 동화 당선.
· 제34회 근로자문학제 은상 수상.
· 한국문인협회. 문학사랑문인협회. 경남아동문학회 회원.
· 글동네2002. 대한사이버문학 동인.
· 경남진주시하대동 거주. 010-4800-1623

졌다. 연붉은 꽃, 송이 송이엔 오래전 모래밭에 묻어두었던 큰 누님의 향기가 되살아 피어났다. 금강산관광이 문을 닫으며 내 큰 누님의 꽃 해당화는 또 기억 속에서 사라져 버렸다.

유월이 몇 번인가 가고 또 오고. 그렇게 다시 찾아온 올 유월에 나는 해당화를 또 만났다. 이웃들과 부산의 오륙도 관광을 나선 길에서였다. 오륙도를 등에 돌리고 이기대쪽의 산길을 더듬다가 길옆의 꽃밭에서 해당화 무리를 만났다. 거친 바닷바람 속에서 훈훈한 인정으로 꽃을 피워낸 내 큰 누님을 닮은 해당화 꽃이 거기 있었다. 그러나 이제는 먼 이야기 속에나 있음직한 큰누님의 흔적은 이미 해당화를 떠나있었다. 나이 먹음은 추억도 멀리 쫓아버리나? 어쩔 수 없이 탄식만 하였다.

지난 주말에 한국 근현대회화 100선이란 타이틀로 전시회가 열리는 덕수궁을 나는 찾았다. 그림의 그자도 가당찮도록 미술에 대하여는 무지하지만 생애에 이중섭과 박수근과 김환기 등을 언제 또 만날까? 뒷날 있을 문우의 출판기념회를 빗대어 현대미술관으로 갔다. 이중섭과 박수근의 전시작품 앞에는 구름처럼 사람들이 몰려있었다. 45억짜리 박수근의 빨래터를 보려던 마음을 고쳐 잡고 방향을 돌리다가 이인성의 작품 앞에서 내 발은 얼어붙었다. 해당화였다. 붉은 해당화 꽃 옆에 선 소녀풍의 여인에게서 멀리 가버린 줄 알았던 큰 누님의 흔적이 나를 불러 세웠다. 금방이라도 먹구름이 비와 바람을 불러들일 듯 불안한 마음을 감출 길 없어 기도를 드리고 손가락을 빠는 작은 소녀와는 달리, 어느 한 곳을 응시하는 성숙한 여인의 눈동자 속에 깃든 담담함. 어린 내 손을 잡고 초등학교 입학식에 가던 또 다른 어머니인 내 큰 누님의 그때 모습이었다.

연붉은 꽃잎 속 도드라진 꽃술에서 큰 누님의 향취가 불쑥 솟아오를 것 같아 한참이나 자리를 못 뜨고 그 자리에 서 있었다. 돌아와 기억을 더듬으니 이인성은 내 머릿속에 이미 들어 있었다. 오래전에 읽은 최인호의 소설에서 혼란기 치안대의 총격으로 39 세로 숨진 천재미술작가가 바로 이인성이었다. 이인성과 해당화. 아니 해당화와 내 큰 누님. 해당화의 꽃말 온화처럼 조용하고 부드러운 내 큰 누님을 그리고 또 그리다가 왈칵. 목울대를 치미는 울음을 참지 못하고 기어이 나는 눈물을 토해내고 말았다.

아버지와 나와 홍매와를 보며

"코스모스 피어있는 정든 고향 역."

세월호 사건으로 온 나라가 음울의 도가니에 빠졌다. 표정조차 조심해야 하는 죄스런 날의 연속에 마음마저 무뎌지던 날, 뜻밖이랄까? 나훈아를 만났다. 아니, 그의 노래 고향 역을 들었다. 봄꽃으로 화사한 5월에 코스모스는 무슨? 부처님 오신 날의 교통체증에 짜증난 한 운전자가 신청곡으로 주문한 노래가 라디오를 탔다. 어쨌든 신선한 느낌을 주기엔 충분한 노래였다.

"달려라 고향열차 설레는 가슴 안고."

하지만 이런 노래가 맞지 않는 세상에 우리는 살고 있다. 고향이라는 수식어가 차츰 사라지고 있기 때문이다. 고향을 떠나오면 다시 가기 힘든 그때에 나온 노래이니 전국이 반나절 권에 속한 요즘에야 달갑지 않은 노래다. 그래선지 내 고향보다는 두 달 전, 연극무대에서 들은 이 노래가 나의 뇌리에 먼저 떠오른다.

연극은 예술이다. 그럼 예술은 무엇일까? 사전을 찾아본다. -아름다움을 표현하고 창조하는 일에 목적을 두고 작품을 제작하는 모든 인간 활동과 그 산물을 통틀어 이르는 말- 그래서 사람들은 예술은 삶에 있어서 윤활유라 하나보다. 삐걱거리지 않고 말랑말랑하게 잘살도록 도와준다는 뜻이런다. 예술이란 사람이 동물과 달리 비교되는 것 중의 하나를 표현할 때 쓰는 말이기도 하다. 대표적인 예로 다산 정약용은 제자들에게 다음과 같은 말을 하였다.

- 논을 넓혀 연을 심는 못을 만드는 사람은 그 집안이 번창하고, 연 심은 못을 돋워 논으로 만드는 사람은 그 집안이 반드시 쇠미해진다. - 벼 몇 포기 심어 얻는 쌀 몇 말보다 연꽃을 심어 감사하며

얻는 정신의 여유가 더 소중하고 값지다는 다산의 지혜가 담긴 말이다. 먹는 것만 탐하며 산다면 우리는 동물과 하등 다름이 없다. 모름지기 인간이라면 문화를 겸한 예술을 끼고 살아야 한다는, 예술이 우리에게 왜 필요한가를 간단하게 알려주는 말이다.

예술. 논밭을 연못으로 바꾸려면 적지 않은 돈이 들듯이 예술과 접목하려면 때로는 상응한 가치도 요구된다. 어느 이름난 가수가 나오는 음악회가 그러하여 10만 원이 넘는 관람료는 우리네 서민의 기를 팍팍 죽인다. 그보다 못한 일당을 받고 일을 다니는 나 같은 존재는 더 말할 것도 없다. 그래서 예술은 가진 자만이 누릴 수 있는 화려한 극치라고도 한다. 그런 예술을, 그것도 유명한 연극을 보러 두어 달 전 일부러 나는 서울을 찾았다. 국립극장 달오름. 거기서 신구와 손숙을 만났다. 아버지와 나와 홍매와. 이것이 그날 본 연극의 제목이다. 조용필 콘서트보단 값이 작지만 그래도 내겐 벅참이 틀림없는 관람료 5만 원을 주고 들어갔다. 스크린이 설치된 영화관과는 달리 연극전용극장 달오름은 운 좋게도 내가 앉은 앞자리와 무대의 간격이 아주 좁았다. 손만 뻗으면 손숙의 치맛자락이 만져질 정도로 가까웠다. 거기서 나는 배우와 호흡을 같이 하며 모처럼의 예술을 탐닉하였다.

아버지와 나와 홍매와. 아버지는 치매에 걸린 아버지 신구를 말함이고 나란, 동하로 나오는 둘째 아들 한창 뜨는 젊은 배우 정승길이다. 홍매는 물론 아내인 손숙이다. 가족을 먹여 살리고 회사를 위해 밤낮을 안 가림을 우리는 남자로서 응당히 치러야 할 일이라며 살아왔다. 그러다 나이를 먹고 회사를 그만두고 또 병까지 들라치면, 그때야 가정을 찾고 또 아내에게 기대려 든다. 그러나 금지옥엽으로 길러낸 자식은 물론 아내까지도 그때는 이미 옛날의 자식과 아내가 아니다. 극 중의 아버지 신구는 장남만을 위하고 둘째는 천덕꾸러기로 키웠다. 아버지로부터 사랑 한번 받아보지 못한 둘째의 외침은 그래서 더 처량하게 들려온다. 왜? 그 잘난 장남은 어디 가고 내가 아버지의 마지막을 모셔야 하는가? 하지만 홍매는 현실의 아내들과는 좀 다르다.

"사람 무시하는데 일등이라 하이고, 온갖 정 다 떨어진지 언젠데, 그런데 마 이상하제, 저 양반이 간다하이 많이 불쌍하고 많이 아파. 저 양반이 없다고 하이 며늘애 앞에서도 기를 못 펴겠어."

내가 무대 위의 아버지가 된 양, 눈시울이 붉어지도록 슬픔이 밀려와서 다시 생각하는 지금도 이 대사에 가슴이 미어온다. 가족은 아버지를 위해 마지막 성찬을 준비한다. 그 자리에 초대되어온 이웃집 정씨아저씨. '코스모스 피어있는 정든 고향 역.' 잘나가던 시절의 형님 신구를 떠올리며 그가 좋아하던 노래 나훈아의 고향 역을 부른다.

"눈 감으면 떠오르는 그리운 나의 고향 역."

괜찮은 가창력으로 관객으로부터 열렬한 박수를 받으며 울컥, 또 한 번 중년의 눈물을 이 노래는 자아낸다. 고향과 아버지에 대한 추억 때문이다. 나이 들면 다 추억이 그립듯 고향도 따라 그리워진다. 고향이란 무엇일까? 흔히들 어머니를 떠올리지만 여기서 나는 아버지가 고향이라 말하고 싶다. 오래된 기억을 더듬어내면 그 기억 한 모퉁이엔 언제나 아버지가 있기 때문이다. 사회정의를 위한다며 동료의 온갖 궂은일을 도맡아 하면서 정작 자신의 아내와 자식들은 나 몰라라 했던, 그래도 오직 종손이라 불리는 장남을 위해서는 없는 돈을 빌려다 유학까지 시키는, 둘째는 학교를 그만두어도 관심하나 두지 않던 비정한 내 아버지. 아버지와 똑 닮은 삶이 무대 위에서 이제 사라지려 한다.

고향과 아버지와 추억과 그리움이 몽땅 노래 속에 휩쓸리며 내

안을 어지럽히기 시작했다. 장남. 장남. 오직 장남만 고집하는 아버지로부터 작은 사랑 하나 건져내지 못한 아들 동하가 어찌 그리 나와 닮았는지. 아들 동하는 정신이 혼미해진 아버지를 둘러업고 마당 가를 맴돌며 내가 아버지를 고향에 비유하는 이유를 대신 말한다.

여기가 어디냐? 마당아이요 마당. 뭐가 있나? 홍매도 있고 대추나무도 있고. 또 뭐가 있나 하면요. 40년이 넘은 고단한 노동이 있고, 이 세상 무엇도 눈치 볼 필요 없는 나만의 안식이 있고, 훌륭한 자식을 키운 보람 그 대단한 자존심 그리움이 덕지덕지 붙어 있지요.

그래. 저 홍매의 둘째처럼 언제 나는 아버지를 업어보았던가? 아버지의 손을 따뜻하게 한 번이라도 잡아보았던가? 다정하게 아버지에게 이야기를 들려준 적이 있던가? 밥 한 끼라도 정성들여 대접해 본 적은 또 있는가?

모든 것 다 버리고 고향으로 돌아가기 위한 절차를 밟고 있는 아버지를 위해 그래도 홍매의 둘째는 자식으로 해야 할 도리를 다하려 기저귀도 갈아주고 속옷도 입혀 드리건만. 반백년을 같이 살았어도 생의 마지막 순간에 할 말이 너무 많은 아내를 생각 없이 바라만 보는 치매에 걸린 아버지. 자신이 어떤 잘못을 아들에게 남겨주었는지도 모르며 아들의 등허리가 마냥 포근한, 아이처럼 업혀 철을 잃은 아버지. 자식을 이만큼 키워온 보람과 마지막까지 최선을 다해주는 아내에 대해 한없는 미안함과. 가슴 저미는 회한과 슬픔을 마구 내 쏟으며 극은 아버지의 죽음으로 끝이 난다.

영국 문화원이 창립 70주년 기념으로 비영어권 102개국 4만 명을 대상으로 영어에서의 가장 아름다운 단어 70개씩을 모아보았다. 당연히 거기에서의 1위는 어머니(Mother,)였다. 2위는 열정이고 3위는 미소이며 사랑이 4위를 차지했다. 애석하게도 아버지(father,)는 70위안의 어디에도 들지를 못했다. 이 조사를 보면 세상엔 어머니만 있고 아버지는 보이지 않는다. 아버지는 왜 세상 사람들의 기억으로부터 멀어져 가고 있을까? 어머니날이 어버이날로 바뀌어도 아버지는 언제나 뒷전인 세상. 좀 불쾌하지만, 연전에 나는 이런 이야기를 들었다. 어머니. 어머니. 어머니. 세 번 불러 눈물 안 나오는 사람 있으면 나와 보라고 해. 개그맨 전유성의 말이지만, 역으로, 아버지. 아버지. 아버지. 세 번 불러 욕 안 나오는 사람 있으면 나와 보라고 해. 이름을 대면 천하가 알만한 어느 명사가 뱉은 독설이다. 그래서 누군가는 가정의 달인 5월 어디에도 아버지는 없다고 한탄을 한다. 우리 아버지들은 왜 저런 소리를 들어야만 하나? 참 슬픈 현실이 아닐 수 없다. 그래도 아버지는 내 마음의 고향임을 이 연극을 통해서 나는 다시 확인하였다. 왜냐면? 이젠 내가 내 아이들의 고향이며 또 아버지이기 때문이다.

고향 역. 눈 감으면 떠오르는 그리운 나의 고향 역. 세상 소풍을 끝낸 극 중의 신구가 말끔한 양복으로 갈아입고 무대를 떠나는 그가 가는 곳이 우리의 영원한 고향이 아닐까? 모처럼 다이놀핀 생성에 효과 있는 감동적 예술을 대하며 낭비한 시간과 돈이 전혀 아깝지 않은 내 삶은 그럼으로써 더 윤택해지며 나아가고 있다. 아직은 오월이고 다시 그 연극을 생각하여도.

모란은 벌써 지고 없는데

바깥일을 주로 하는 우리네 막노동자에겐 명절 전후에 여러 번의 회식이 오간다. 주고받는 삯이 이때에 몰리기 때문이다. 경기가 좋지 않아서 벌리는 판이 작아졌을 뿐 이번 추석도 예외는 아니다. 고깃집에서 배부르게 먹고 마시고 2차는 변함없이 노래방을 찾는다. 무슨 노래를 부를까? 이때부터 내 고민은 깊어진다. 술기운을 빌리면 무슨 노래이든 성질대로 소화하는데 몸 생각한다며 적게 마신 술이? 화근으로 작용한다. 이런 자리엔 맞지 않는 음울한 노래를 즐겨 부르기 때문이다. 노래는 부르는 노래와 듣는 노래로 우리는 구별한다. 소프라노 조수미의 노래를 듣기 좋아한다고 따라 부를 수는 없다. 자신의 음색에 맞추다 보면 부르는 노래는 딴판인 뽕짝을 선호하게 된다. 그래서 노래방에 가면 평소엔 남의 노래를 들어주는 쪽으로 나는 정리한다. 하지만 나도 좋아하고 또 남도 좋아하는 즐겨 부르는 노래는 있다.

언제이던가? 10년도 훨씬 지난 일이다. 지금처럼 비가 내리던 어느 토요일. 민속주점으로 친구를 만나러 가는 택시 안에서였다. 택시가 틀어놓은 라디오에서 임백천이 나왔다. 조영남과 같이 최근에 녹음한 신곡이라며 비는 내리고 노래를 들려주었다. 콩 볶듯 빗소리가 한참을 울리고 난 뒤에 나오는 노래. 비는 내리고.

-지난밤 밤 기차로 너를 멀리 보내고/ 불 밝은 거리를 서성거린다/ 오가는 사람들에 밀리고 또 밀리며/ 비좁은 골목길 마냥 헤맨다/ 비는 내리고 비는 내리고/ 지나온 발자국마다 빗물이 고이고/ 비는 내리고 비는 내리고/ 지나온 추억마다 눈물이 고이고-

노랫말도 그렇고 얼마나 내 안을 뒤흔들던지 주점에 도착하자 나는 레코드점에 전화를 넣었다. 애석하게도 그 노래가 담긴 판은 시중에 배포되지 않았다는 답을 들었다. 그렇게 두 달이 지난 하필이면 그날도 비는 내렸다. 한번 맘에 들면 엔간해선 단골을 바꾸지 않는 내 성격 탓에 대낮임에도 불콰하게 앞의 그 주점에서 술을 마시던 날, 비는 내리고가 방금 도착했다고 레코드점 주인이 전화를 해왔다. 무식하게도 나는 택시에게 왕복 차비를 주어 판을 사왔고 주점에서 처음으로 그 판을 틀었다. 은퇴의 노래를 타이틀로 비는 내리고는 8번째에 있었다.

모란동백이 거기 3번째로 실려 있었다. 이 노래는 첫음절부터 애잔하게 내 마음속을 파고들었다. 한계령 골짝 길로 대변되는 어린 시절의 가물거리는 기억을 되찾아주고, 빗속에 묻혀오는 그리움의 대상을 감은 눈 안으로 떠오르게 하는 신비한 마력까지 뿜어 나왔다. 자연히 나는 모란동백을 파고들었고 얼마 안 되어 2절까지 가요 책을 안 보고도 완벽히 부르는 나의 애창곡으로 변모하였다. 그때가 2001년쯤인 걸로 알고 있다. 그러나 이 노래를 한참이나 나는 노래방에서 부르지 못했다. 뭇 사람들이 찾지 않아선지 신곡 표를 뒤졌지만, 주인도 그 누구도 모란동백을 알지 못하였다. 10년이 지난 2012년 4월에 모란동백을 타이틀로 조영남은 새 앨범을 발표하였다. 전국의 노래방에 벽보형식으로 모란동백의 찾는 번호 64146이 큰 글체로 걸렸다. 이때부터 둘다섯의 밤배를 제치고 내가 노래방 가면 가장 잘 부르는 대표곡으로 등극을 했다. 그러나 음률이 좀 서글퍼서 기운을 돋우는 노래로선 적합하지 않아 난장꾼들의 모임에선 부르지 않았다. 이번 추석전날의 모임에선 모란동백을 나는 불렀다. 내가 무엇을 부를까 주춤거리는 사이 동료가 잽싸게 모란동백을 찾아서 내게 디밀었기 때문이다. 말하자면 떠밀려서 불렀는데 흥이 살아나기 전이라 노래가 분위기를 깰 정도까진 아니어서 그나마 다행이었다.

조영남이 새 노래도 없으면서 모란동백을 타이틀로 앨범을 낸 이유는 분명 있었다. 문화방송의 놀러와 프로에 조영남이 나왔다. 거기서 조영남은 백남봉의 장례식 때에 남보원이 부른 한오백년을 들먹였다. 남성4중창단 블루벨스의 한 단원이었던 누군가와 나눈 남보원의 농지거리를 소개하였다.

“네 장례식 때엔 큰일이네. 잔치 잔치 벌렸네 이 노래를 불러야 하니 말이야.”

“영남이 형이 더 큰 일인걸? 구경 한번 와보세요. 하고 화개장터를 불러야 하니.”

엄숙한 장례식장에서 한바탕 웃음이 터졌다 한다. 조영남은 놀러와 프로에서 자신이 죽으면 장례식장에서 화개장터를 부르지 말고 모란동백을 불러 달라고, 그래서 특별한? 주문을 하여 이 노래를 히트시켰다. 이름 있는 가수의 장례식에선 으레 그 가수의 노래를 불러준다. 황금심은 알뜰한 당신, 고운봉은 울려고 내가 왔던가로 시작되는 선창이 불렸다. 장례식장에서의 노래는 가수에게만 국한 되진 않았다. 생전의 김수환 추기경은 김수희의 애모를 무척이나 좋아하였다. -그대 가슴에 얼굴을 묻고 오늘은 울고 싶어라.- 당연히 그의 추모식에서는 이 애모 노래가 불렀다. 그렇다면 나의 장례식장에선 무슨 노래가 불리길 나는 원할까? 뭐, 우리처럼 이름 없는 사람에겐 말도 안 되는 그야말로 헛소리이다. 비슷한 직종에서 일하는 인연들의 장례식장에서 아직 노랫소리를 들어본 기억은 없다. 만약 내가 노래를 부르라고 유언을 하더라도 내 아이들은 따르지 않을 것이다. 그래도 꼭 한곡 정해보라 한다면? 조금은 고상한 척. 바이올린의 정경화 부모님 장례식에서 연주되었던 바흐의

G 선상의 아리아쯤이라면? 하고 생각하지만. 그래도 조영남의 모란동백이 내겐 가장 잘 어울릴 것 같다.

모란은 벌써 지고 없는데 먼 산에 뻐꾸기 울면/ 상냥한 얼굴 모란 아가씨 꿈속에 찾아오네. 세상은 바람 불고 고달파라 나 어느 변방에/ 떠돌다 떠돌다 어느 나무그늘에/ 고요히 고요히 잠든다 해도/ 또 한 번 모란이 필 때까지 나를 잊지 말아요.

모란과 동백과 그리고 나를 기억해 주는 사람. 그 사람을 위하여 나는 오늘도 글을 쓰고 또 노래를 부른다.

내 이름자의 어원을 찾아서

별로 이상한 이름은 아니지만 어릴 적 나는 이식이란 내 이름자 때문에 주위로부터 놀림을 많이 받았다. 오해의 손가락질을 받던 아버지로 인하여 나를 멀리서만 떠돌게 하려는 이웃들의 탓도 한몫 거들어서 대놓고 내 이름자를 들먹이며 놀림을 주었다. 그때엔 지금처럼 유익한 신장이식이나 간이식 등의 용어는 없었다. 대부분이 농촌생활을 하기에 배추이식이니 무이식이니. 정씨 성을 아예 떼어버리며 나를 놀려대었다. 한술 더 떠서 형은 일식이고 동생은 삼식이 일 것이라며 상상을 확정으로 퍼트리고 다녔다. 아버지는 왜 이런 이름을 지어 나를 울리게 할까? 속으로지만 원망도 많이 하였다. 어린 나이에서 시작된 여러 번의 객지생활 중에 나는 내 본이름인 이식이를 그래서 거의 쓰지 않았다. 그만큼 나 자신이 부르기조차 싫은 이름이었다. 성인이 되어 진주에 뿌리를 내리며 나는 내 이름에 대하여 긍지를 가지기 시작하였다. 진주정씨 본래의 고장에 와서인지 족보 돌림자인 식자를 따라 같은 이식이란 이름을 쓰는, 어쩌면 형제일 사람도 여럿 보아서이다. 하지만 이곳 진주 쪽 사람들은 혀가 잘 안 굴러선지 이식이란 발음을 제대로 못하였다. 의식이, 으식이, 어식이, 누구는 위식이라고 나를 불렀다. 이때마다 나는 이름자를 바로 불러 주라며 황진이 이자 이식이라고 힘주어 말하곤 하였다. 황진이 이자. 황진이의 이자는 한문도 같아서 나와 같이 저 이자(伊)를 쓴다. 저 이로 풀이되는 이(伊)자는 천하를 다스리는 저 사람처럼 훌륭한 사람이 되라는 풀이로 쓰인다. 제대로 된 이자의 뜻을 그때에야 알게 되었지만, 평소에 황진이의 시조를 좋아하여서 그와 같은 문인항렬에 오르고 싶은 나의 또 다른 욕망이 황진이 이자를 낳게 된 것이다. 지금도 오랜만에 만나는 친구들은 황진이 이자 정이식 하고 나를 부른다.

지난해 6월이었다. 3년을 적금 부어 중국으로 여행을 떠났다. 정주를 거쳐 낙양성 용문 석굴에 갔을 때였다. 바람은커녕 그림자조차 없는 뙤약볕 아래 땀은 왜 그리 또 흐르던지. 10만 개의 불상도 중국가이드의 안내도 그저 귀찮아 어디든 가서 쉬고만 싶었다. 눈치 빠른 가이드는 바람을 쐬워 준다며 누런 황토물이 흐르는 강을 건너는 배에 우리를 태웠다. 강을 건너고 백거이 묘를 본다며 강가를 내려가다가 강 이름이 적힌 석각을 보며 나는 깜짝 놀라 자지러질 뻔하였다.

伊河. 하(河)는 우리말로 강을 가리키는 말이라 잘 알겠지만 이는 또 무어람? 왜 내 이름자인 저 이자가 저기에 있을까? 우리나라에선 저 이자를 이름 외의 지명에는 쓰지 않는데. 이런 궁금증은 사실 안날 상해를 거쳐 정주 비행장에 내리면서 시작되었었다. 정주(郑州) 고을 주자는 당연한데 정자는 왜 정나라 정자를 쓸까? 앞의 저 이자도 마찬가지지만 우리나라에선 성씨 외에는 정나라정자를 쓰지 않는다. 저 정자를 왜 여기서 만난 것일까? 하지만 모처럼 해외에 나왔다는 기분에 휩쓸려 이 일은 곧 잊어버렸다. 그런데 뒷날 이하에서 내 이름자인 저 이자를 만나며 정주의 정나라 정자를 다시 떠올린 것이다. 혹시 하남성의 수도라는 정주가 정나라 정자를 쓰는 우리의 원 고향이 아닐까? 생각은 생각을 낳는 법이다. 뒤에 사전을 훑어보며 내 예측이 맞았음이 여실히 드러났다. 우리나라 성씨 김, 이, 박, 최, 다음으로 많은 정씨 중 정나라 정자를 쓰는 정씨는 하남성 정주 부근의 정나라라는 곳에서부터 그 시작을 하고 있다. 이 놀라움은 약과다. 이하에서 내 이름자인 저 이자를 대하며 가진 궁금증을 풀어가면서 정말이지 소싯적 읽던 무협지의 드넓은 중원으로 나는 푹, 빠져들었다. 여행안내서엔 없던 백가이묘 관람은 중국 당나라 때의, 우리가 이태백이라 부르는 이백과 두보와 함께 3대 시인으로 불린다는 가이드의 설명에 힘입어 내가 나서며 이루어졌다. 여기서 나는 한술 더 떠서 이하에 대한 안내를 요구했다. 한국에서부터 동행한 가이드가 겨우 아는 부분만 말하는데 우리 민요 성주풀이의 진원지가 이하라는 것이다. 굉장한 발견이었다. 낙양성 십리허에 이렇게 시작되는 우리민요 성주풀이는 바로 여기 낙양성 이하를 가리킨다. 원래의 노랫말은 낙양성 십리허에가 아니고 낙양성 십리이하에로 되었었다. 또한 십리허에의 허는 우리말 강을 가리키는 하(河)자로 중국어의 허 발음에 어원을 가지고 있다. 낙양성은 중국 최초의 왕도이며 무협지에 나오는 중원의 중심지이다. 이하를 따라 무수히 많은 영웅이 싸움을 하고 또 죽었다. 근처엔 고대 무협의 산실인 소림사가 지금도 건재하고 있다.

"높고 낮은 저 무덤은 영웅호걸이 몇몇이며 절세가인이 그 누구냐."

십 리쯤 이하를 따라 민둥산이 이어지는데 그곳은 우리가 사람이 죽으면 간다고 하는 북망산천, 바로 그 북망산천의 북망산이다. 중국 최고의 명당으로 알려져 그 옛날의 영웅호걸들은 모두 이곳에 묻혀있다. 진나라 진시황의 무덤도 이곳에 있을 것이라고 역사가들은 추측하고 있다. 이하(伊河)의 이(伊) 자는 북망산에 묻힌 수 없는 영웅호걸을 가리키는 어원이다. 우리 선조들은 수 천 년의 역사를 안고 흐르는 강 이하의 이자 즉, 북망산의 영웅들처럼 훌륭한 사람이 되라는 뜻으로 이하에서 이자를 가져왔다. 아버지도 이 이자의 어원을 틀림없이 알고 계셨을 것이다. 남들의 틀린 생각처럼 둘째로 태어나서 이식이라 지은 것이 그래서 분명 아니다. 그 예로 형님은 일식이가 아니고 3월 3일생인데 봄 춘 자를 넣어 춘식이라 지었다. 바로 밑의 동생도 삼식이가 아니고 이룰 홍 자를 쓰는 홍식이이다. 동생은 이름자처럼 중소기업을 운영하는 잘나가는 사장을 하고 있다.

살며 부딪히고 만나고 보고 하는 모든 것들엔 다 이유가 있다. 스치는 바람조차도 하릴없이 지나는 것이 아니다. 눈여겨보고 생각하고 찾다 보면 이렇게 이름자 하나로 얻는 큰 수확의 기쁨도 있다.

며칠 후면 한 갑자 돌아오는 내 생일이다. 말하자면 회갑인 셈이다. 부모님이 동란을 피해 피난을 가서 주저앉은 울산의 어느 철길 옆의 오두막에서 나는 태어났다. 내가 태어나던 날 아버지는 한자와 한글로 내 이름이 적힌 쪽지를 수십 장 만들어 나보다 네 살 많은 형에게 쥐어주며 말씀하셨다.

"지나는 사람에게 한 장씩 주거라. 동생이름이 이식입니다 하고. 많이 돌려야 동생은 커서 훌륭한 사람이 된다."

이 사실만 보아도 아버지는 내 이름의 이자에 대한 어원을 분명히 알고 계셨다. 그때나 지금이나 음력 2월 보름은 춥다. 변변한 겉옷 하나 못 입었을 네 살배기 형은 어두운 밤중까지도 내 이름이 적힌 쪽지를 돌리고 다녔다.

"동생이 태어났어요. 이름은 이식이에요."

돌이켜 생각하면 이렇게 좋은 이름을 남들은, 또 한때의 나는 왜 그렇게 홀대를 했는지. 시간이 흘러서야 삶의 고귀함을 나는 이름자에서 건져내었다. 가진 것 또 배운 것 하나 없어도 이렇게 숨 잘 쉬며 살고 있음도, 어쩌면 천하를 호령하는 사람을 닮으라는 아버지께서 지어주신 이름자 덕인지도 모른다.

수필_천홍자

미안하다, 고맙다

일찍 철이 들어 한 번도 속 썩인 적 없고 부모로서 항상 미안하고 부끄럽게 만들었던 아들이 어느 날 갑자기 결혼 통보를 했다. 독신주의자였던 아들이라 결혼하라고 재촉한 적도 없고 때가 되면 가겠지 안 갈 운명이면 혼자 살 테고… 그렇게 마음 놓고 있었는데 결혼을 한다니 내심 기쁘기도 하고 다행이다 싶었다. 요즘은 혼자서도 잘살아갈 수 있는 시스템이 발달한지라 아들의 뜻에 맡기긴 했지만 평생 마음의 짐이 되지 않을까 걱정도 했었는데 그 짐을 덜어줘서 고맙다.

결혼은 해도 후회 안 해도 후회라고 하는데 어떤 게 해야 현명한 선택인지는 결혼 선배로서 확실한 결론을 내릴 수 없다. 어떻게 살아도 아쉬움과 후회는 남는 게 인생이 아니던가.

서로 넉넉하지 못한 형편이라 혼수를 주고받는 번거로움 없이 간단하게 하자고 약속하고 모든 일정을 아들한테 맡기고 나니 크게 준비할 것은 없어도 하루하루 날짜가 다가오니 마음이 혼란스러웠다. 남들처럼 인사치레 제대로 하고 부족함 없이 다 해줄 형편

· 1959년 경북 봉화 출생
· 2008년 〈문학사랑〉 수필부문 신인작품상
· 2009년 〈휴먼메신저〉 봄호 시부문 신인상 수상
· 대한사이버문학사 동인
· e-mail : kr6815@hanmail.net

이면 행복했을까? 아무것도 바라지 않고 아무 일 없이 그냥 조용히 지나가길 바라는 마음밖에 할 수 있는 게 없는데, 오히려 주위 사람들이 더 걱정되는지 도와줄 게 뭐 없나? 바쁘지? 힘들지? 정작 본인은 넋 놓고 날짜만 기다리고 있는데 첫 혼사라 모르는 게 많을 거라 짐작하고 걱정이 되는 모양이다.

몇 년간 이런저런 핑계로 경조사에 거의 참석하지 않았고 마음이 가는 몇몇 지인들한테만 축의금이나 조의금을 인편에 보낸 정도였는데 막상 혼사가 닥치고 보니 누구한테 연락해야 할지 고민도 되고 무심했던 사람들한테 죄송하고 미안한 생각이 물밀 듯이 밀려왔다. 어떻게 살아왔는지 평가를 받는 자리라고 말씀하시는 분들도 계시지만 좋은 평가를 바랄만큼 잘 살아오지 못했기에 그저 무사히 별 탈 없이 잘 치러지기를 마음속으로 바랄 뿐이었다.

예전에는 만원 남짓한 국수 한 그릇이나 설렁탕 한 그릇이던 식사비용이 요즘에는 4~5만 원이나 되니 초대하는 사람도 초대받은 사람도 부담스러운 것도 사실이다. 어떤 이는 축의금 5만 원을 내고 온 식구가 다 와서 적자가 났다느니, 그 집 아들 결혼식 때 10만 원 했는데 5만 원밖에 안 해서 서운 하드라 등 뒤 담화를 늘어놓는다. 아무리 품앗이 하는 자리라고는 하지만 돈 액수가 잔치 분위기를 좌지우지하는 건 메말라가는 사회의 풍습이라고 본다. 땅을 팔아 결혼 비용을 마련하고 소를 잡아 동네잔치를 하고 기둥뿌리마저 휘청거렸던 예전 부모님들은 축의금 받는 것조차 미안해하고 그저 참석해주는 것만으로도 고마워하고 기뻐했다. 앞으로 그런 풍경을 기대하기 어렵지만 그래도 국수 한 그릇 설렁탕 한 그릇에 정이 넘치던 옛 시절이 그립다.

경조사를 핑계 삼아 몇 년간 뜸했던 친척들 얼굴도 보고 소식도 들을 수 있어서 그나마 위안이 되는 자리다. 왕래가 뜸한 사이 머리에는 흰머리가 가득하고 굵게 패인 주름 사이로 젊은 날의 모습 마저 희미해진 친척들. 경상도 사람들끼리만 통하는 사투리로 '니가 가가?' '가가 가 맞나?' 서로 이름 물어가며 얼굴을 확인해야 할 만큼 슬픈 현실 앞에 헛헛한 미소만 주고받았다.

긴 기다림 끝에 겨우 마주친 반가운 얼굴들, 세월의 무상함을 느낄 사이도 없이 차 한 잔 나눌 여유도 없이 각자의 자리로 돌아가는 뒷모습이 너무나 아쉽고 애잔하다. 자식들을 품에서 떠나보내면서 지나온 날들을 뒤돌아보고 다시 채워지는 감동과 아쉬움이 나를 겸손하게 만들고 성숙하게 만드는 좋은 계기가 되었다. 형제간이나 친척들 간에 멀어졌던 마음의 거리도 좁히고 자주 볼 기회를 만들어야겠다는 희망도 생겼다. 앞으로 자식 인생은 자식한테 맡기고 부모로서 짐이 되지 않고, 떳떳하게 건강하게 잘 살아가는 것이 나를 위하는 일이요 자식을 위하는 길이라는 것을 백 번 천 번 생각해도 옳은 일이고 옳은 일이다.

감기

호시탐탐 나를 노리는 감기는 늘 나의 주변에 서성거린다. 비염 때문에 조금이라도 피곤하거나 면역력이 떨어지게 되면 너 잘 만났다 하고 달라붙는 통에 감기가 호랑이보다 더 무서워졌다. 감기가 만병의 근원이라 우습게보면 큰 코 다친다는 말을 늘 들어왔지만 지금껏 잘 지나갔고 견뎌 왔기에 매번 우습게 생각했던 것도 사실이다.

올겨울 들어서 거의 한 달을 감기에 시달리고 보니 감기라는 존재가 정신력의 한계를 넘어 생명까지 위협할 수 있다는 생각에 정신이 번쩍 든다. 작년까지만 해도 이렇게 허약하지는 않았는데 부쩍 나이 들어 보이는 모습 하며 체력이 떨어진 걸 느낀다. 보약을 먹어라. 영양제를 먹어라. 주변에서 권하는 약은 왜 그리 많은지 뭘 먹어야 효과가 있고 내 몸과 잘 맞을지 확신도 서지 않고 아직까지 버틸 힘도 남아있으니 그냥 무시하고 말았는데 티브이 채널을 돌리다가 홈쇼핑 건강보조식품 광고가 나오면 넋이 나가기도 하고, 살까 말까 망설이다가 아까운 시간을 낭비하기도 여러 번이다.

감기는 우리 인생과 참 많이 닮았다. 수없이 많은 고비가 찾아왔지만, 다 지나갔고 또 극복해냈다.살다 보면 본의 아니게 감기 같은 불청객을 맞이해야 될 때가 너무 많기에 피하기보다는 극복하는데 익숙해졌다. 순간순간 건강의 소중함을 느낄 때마다 불투명한 미래에 대비해서 이것저것 보험도 들어놓고 나름대로 신경은 썼지만, 내 몸을 어떻게 관리해야 좋은 선택인지 보따리장수처럼 하루에도 수십 번 근심 걱정을 쌌다 풀었다 머릿속이 복잡하다.

누구나 조금씩은 고민거리를 안고 살아가지만, 시간적 금전적 여유가 적은 사람은 그 고민이 두 배로 크기 마련이다. 100세 시대에 사는 현대인들은 늘어난 수명만큼이나 걱정이 많아졌다. 일손을 놓고도 3,40년 이상의 노년기를 아프지 않고 살아갈 수 있을까 하는 염려까지, 육체의 병, 마음의 병까지 이중고에 시달린다.

얼마 전 연세가 104세인 할머니께서 60이 다된 손자한테 입버릇처럼 하시는 말씀이 "살려면 밥을 먹어야 혀" "밥 안 먹으면 죽어" 그 말씀을 하루에도 몇 번을 되풀이하시는데 저절로 고개가 끄덕여졌다.

바쁜 현대인들은 밥 잘 먹는 것이 일 잘하기보다 어렵다. 다양한 먹거리와 불규칙한 식습관, 과로 때문에 의식주에도 많은 변화가 왔고 변화를 좇아가다가 건강한 길을 잃어버렸다. 설마 하다가 때를 놓쳐 생명을 잃는 사람들을 보면서도 이 또한 지나가리라, 그 믿음에 기대는 것이 얼마나 위험한 일인지 잘 알면서도 실천하기 어렵다. 돈을 잃으면 조금 잃는 것이고 건강을 잃으면 다 잃는다는 명언을 다시 한 번 되새기며 뭐니 뭐니 해도 건강이 최고라는 것을 명심하고 또 명심해야 할 시점이 바로 지금인 것 같다.

찬바람이 불면 감기와 싸움이 시작된다. 지독한 감기를 이겨내고 나면 아직도 세상과 싸울 힘이 남아 있구나 하는 묘한 승리의 쾌감을 느낀다. 감기와의 싸움은 나 자신과의 싸움이고 세상과의 싸움이기도 하다.

수필_한선주

버스를 타고

신용카드 한 장이면 어디를 가든지 돈이 없어서 황당해 하는 일이 생기지 않습니다. 서울이나 부산이나, 버스, 지하철, 기차, 등등. 카드 한 장이면 모든 것이 해결되기 때문입니다. 물론 외상이지만 현금승차보다 할인도 되니 신용카드사용은 정말이지 일거양득입니다.

참으로 우리는 편리한 세상에 살고 있습니다. 자주는 아니지만. 나는 서울 갈 적마다 승차권 구매에 애를 먹었습니다. 도착지를 검색해야 하고 승차권을 사야하고, 또 내리면 5백 원 반환을 받아야 하고, 이제는 먼 추억처럼만 느껴집니다.

그래도 다수의 사람은 신용카드가 없나 봅니다. 버스를 타고 출퇴근을 하며 종종 보아왔는데 그 다수 안에는 초등학생들이 있습니다. 중고교생들은 교통카드를 가지고 다니지만, 버스 탈 일이 거의 없는 초등생들은 대개가 현금으로 탑니다.

내가 다니는 직장까지는 내 집에서 버스로 한 시간쯤 걸립니다. 종점 근처에 집이 있어서 출발할 때엔 빈자리가 많지만, 시내에 접

· 1958년 경남 합천에서 출생
· 현재 대구 달성 거주
· 〈문학사랑〉 수필부문 신인상 당선
· 대한사이버문학사 동인
· e-mail : tjswn112@hanmail.net

어들며 언제나 버스는 만원입니다. 자리를 비켜주지 않아도 될 나이인지라 앉아가는 것이 마음에 불편을 초래하진 않지만, 나이 든 어른이 차에 오르면 나는 냉큼 일어나 자리를 양보합니다. 그러나 건강해 보이는, 어른이라시며 당연하다는 듯 목례도 없는 어른을 보면 괘씸한 생각도 듭니다. 앉는 것보다 서있는 것이 건강에 더 좋다는 진짜 어른의 말씀은 잊어버렸나 봅니다.

볼썽사나운 얌체족 어른도 꽤 많습니다. 공짜로 타도되는 지하철까진 버스를 타야 하기에 몇 푼 안 되는 요금 아끼려 별별 해괴한 짓을 다 합니다. 여럿을 따라 요금 안 내고 슬쩍 통로로 들어서는 어른이 있나 하면 돈을 넣는 시늉만 하는 어른도 있고, 행색도 멀쩡한 어른 한 분이 빈손을 돈 통 안으로 넣다가 이를 목격한 운전사에게 된통 혼나는 것도 보았습니다. 하지만 대개의 운전사는 알면서도 모른 척 눈을 감습니다. 숨이 콱콱 막힐 것 같은 버스 안이지만 이런저런 풍경을 감상하듯 바라보면 남모르는 상쾌함도 묻어납니다.

퇴근할 때에 버스는 좀 한가하여서 제대로 된 바깥 풍경을 보기도 합니다. 짙은 가로수의 잎 하며, 건강하게 걷는 젊은 아이들 하며, 유유히 흐르는 뭉게구름 하며, 그때엔 가방에 늘 넣어 다니는 시집을 무릎 위에 펼쳐놓습니다.

맘이 고픈 날. 이동숙 시인님의 고픈 마음이 특별히 멋있어 보이는 날입니다. 시집을 보노라면 내겐 엄청난 이익이 뒤따릅니다. 흔치 않은 버스 안 풍경인지 사람들, 특히 소녀들의 경이로운 눈짓이 나를 즐겁게 합니다. 처음엔 차 안에서 시집 읽기가 번거로웠습니다. 무언가 잘난 척하는 것도 같고, 시끄러움에 묻혀 읽은 글귀가 기억되지 않아 같은 문장을 읽고 또 읽기를 얼마나 하였던가요. 시 한 편을 읽고 눈을 감고 외우기를 반복하고, 그러며 시를 쓴 시인의 마음을 알게 되고 그 기쁨이 날로 더해가면서 버스 안에서의 시집 읽기는 이제 습관처럼 굳어졌습니다.

살다 보면 그저 살다 보면, 신이 채울 수 없는 사람만이 채워야 하는 그런 슬픔이 있습니다. 어쩌면 이렇게 간결하면서도 수려한 문구를 쓰셨는지요. 시집을 받고서도 제대로 읽지 못해 늘 마음에 걸린 이동숙 시인님께의 미안함을 이젠 싹, 벗어버렸습니다.

그저 살다 보면 무심히 흐르는 바람같이 슬픈 허허로운 스침도 있습니다. 그래요. 이젠 텅텅 비인 마음을 다잡아서 허허롭지 않게 살아가렵니다. 이동숙 시인님의 마음을 닮았는지 오늘따라 퇴근길의 하늘은 더 맑고 더 푸릅니다.

"아니? 아니 얘야. 말을 해야지. 그냥 넣으면 어찌하나?"

운전사의 때 아닌 외침에 구름을 탄 듯 몽롱했던 기운이 현실로 되살아왔습니다. 몇 안 되는 승객들의 시선도 운전사 쪽으로 몰려들었습니다. 거기 돈 통 옆에 울 듯한 얼굴의 초등 4학년쯤의 아이가 서 있습니다.

"엄마가요, 차비 주라 하니 잔돈이 없다고요. 그래서 할 수 없이요."

순진한 아이는 시키지도 않은 엄마 이야기를 장황하게 늘어놓습니다. 5천 원뿐이라 그냥 돈 통에 넣었나 봅니다.

"물어나 봐야지. 그냥 넣으면 어쩌느냐?"

"그게 예, 그럴까 봐 잔돈을 주라 했는데. 엄마가 울 엄마가요."

금방이라도 눈물이 떨어질 듯 아이의 얼굴은 너무나 흐려집니다. 큰 죄라도 지은 양 머리까지 푹 수그립니다. 엄마만 앞세우며 말소리도 자꾸만 작아집니다.

"동전이라도 받아 갈려?"

"예."

아이는 말꼬리를 낮추며 그제야 고개를 듭니다. 운전사는 버스를 정류장에 세워둔 채 덜그럭덜그럭 동전을 쏟아 내립니다. 신용카드가 보편화한 지금이 아닌 전에 나는 현금승차를 많이 하였습니다. 동전이 없을 때엔 천원 지전을 넣으면 운전사는 저렇게 덜그럭거리며 동전을 쏟아 내렸습니다. 한번 젖히면 100원이 나옵니다. 덜그럭덜그럭. 초등생 요금 600원을 제하면 4,400원의 잔돈을 주어야 합니다. 덜그럭덜그럭. 마흔네 번이나 운전사는 돈 통의 레버를 젖혀야 합니다.

"아니 돈을 도로 꺼내주면 되지 아이에게 저렇게 많은 동전을?"

뒷자리 승객이 불평을 내뱉습니다. 하지만 그건 뭘 모르고 하시는 말씀입니다. 요즘의 시내버스엔 운전자감시용 카메라가 달려있습니다. 승객들이 넣은 돈을 몰래 가셔가지 못하게 하려는 의도입니다. 그래서 운전사는 돈 통 근처로는 손을 디밀지 않습니다. 신형 버스에는 이 돈 통이 운전자 뒤쪽에 있어서 칸막이가 설치되어 있습니다. 그러기에 더 운전사가 손을 쓸 수 없습니다.

달그락달그락. 무척이나 빠른 속도로 동전이 떨어집니다. 마흔네 개의 동전은 아이에겐 한 움큼 넘나 봅니다. 서너 번 손을 넣어 동전을 꺼냅니다. 양쪽 바지 주머니가 불룩하니 산처럼 솟아나옵니다. 바지가 흘러내리려 해 아이는 울상이 되었습니다. 연신 바지를 추스릅니다. 그러다 차내의 시선이 자신에게 쏠렸음을 알고는 울먹거리며 눈물을 일굽니다. 어떻게 타이를 사이도 없이 다음 정류장에서 바삐 내려버립니다. 자신이 내릴 곳은 분명 아닙니다. 정류장 표지판에 기대서 멀어져가는 버스를 바라보는 아이의 얼굴에서 살아있음의 즐거움을 나는 맛보았습니다. 오늘도 나는 버스를 타고 출근을 하고 또 퇴근합니다. 그러며 시집을 또 읽습니다.

아버지의 노래"새벽길"

평소 좋아하지 않던 트로트 가사가 마음에 와 닿는다면 이는 나이가 든 징조라는 말이 있습니다. 젊어서는 진보를 외치지만 나이 들면 모두 보수로 바뀌는, 트로트 노래는 보수와 같은 맥락이지 싶습니다. 팝송을 좋아하고 통기타와 포크송을 즐겨 부르며 트로트는 왜색조가 끼어 있다며 별로 좋게 생각하지 않았었습니다. 그러던 내가 언제부터인지 트로트의 매력에 푹, 빠져들었습니다. 슬픈 곡조가 싫다며 거들떠보지도 않던 이미자의 노래를 노래방에 가면 즐겨 부릅니다. 나이 듦을 무시할 순 없나 봅니다. 하지만 원인 없는 결과는 없다고 생각해보니 내가 트로트를 좋아하여야 할 이유가 있었습니다. 아버지입니다. 생전의 아버지는 남자이면서도 여자. 특히 이미자의 노래를 좋아하였습니다. 아버지는 목소리는 고우나 노래를 잘 부르는 스타일이 아니었습니다. 그렇다고 음정이라도 맞나 하면 그도 아니었습니다. 진짜 저 노래를 아는지 의심스러울 정도로 가창력은 엉망이었지만 그나마 다행인 것은 가사는 하나도 안 틀렸습니다. 술만 마시면 남을 의식하지 않고 노래, 특히나 이미자의 노래를 즐겨 불렀습니다.

"못 견디게 괴로워도 울지 못하고."

이미자의 울어라 열풍아가 아버지의 애창곡이었습니다. 노래방에 가서 내가 불러도 너무 처량하여 눈물이 날 정도인데 아버지는 왜 슬픈 이런 노래를 좋아하셨을까요? 더구나 남자이면서. 오랫동안 잊고 있었던 아버지의 노래 울어라 열풍아를 내가 다시 기억해 내게 된 동기는 내가 작가가 되며 아버지에 대한 회상의 글을 쓰면서부터입니다. 우리 아버지 하면 노래 울어라 열풍아를 빼놓을 수 없기 때문입니다.

8남매나 되는 자식들과 할머니까지 모시고 살아야 하는 가장으로서의 아버지는, 허리가 휘어지도록 일을 하여도 끼니때만 되면 늘 걱정을 하여야 했습니다. 고달픔과 안타까움으로 저녁이면 술을 드셨고 돌아오는 길엔 노래를 불렀습니다. 면 소재지에는 5일마다 장이 열렸습니다. 아버지는 장날마다 지게에 농작물을 싣고 장터에 가셨고 밤이 깊어져서야 술이 거나한 채로 돌아오셨습니다.

"울어라 열풍아 밤이 새도록."

내 위로 둘이나 더 언니들이 있지만, 아버지는 티 나도록 나를 좋아하셨습니다. 그래서 아버지 마중 나갈 적의 어머니는 꼭 나를 데리고 갔습니다. 어쩌면 내가 아버지를 더 좋아했는지도 모릅니다. 마을을 지나 작은 언덕 위에서 아래를 바라보다 아버지의 노래가 들려오면 나는 '아버지' 하며 밤의 무서움도 잊고 달려갔습니다.

기억 속의 어린 시절은 온통 아버지와의 기억으로 물들어 있습니다. 그때엔 아버지가 부른 노래의 제목도 가수의 이름도 몰랐습니다. 그냥 아버지 흉내를 내느라 따라 불렀던 덕분에 가사 전체는 지금도 줄줄이 외우고 있습니다. 그래서 노래방에만 가면 나는 울어라 열풍아를 찾고 노래를 시작하면 화면을 안 보아도 가사 한 자락 틀리지 않고 잘 부릅니다. 팝송을 좋아하고 포크송을 즐겨 부르던 소녀 적의 감정은 어디로 사라졌을까요? 아마 아버지 같은 나이를 내가 먹으며 아버지의 기억에 빠지며 좋아하는 노래도 바뀌고 있지 않나 싶습니다. 그런데 내 애창곡이 바뀌었습니다. 울어라 열풍아가 아닌 남정희의 새벽길을 나는 부릅니다. 얼마나 열창인가 하면 금영 노래기기의 3122곡 번호까지 외워두고 있습니다. 그렇게 된 사연은 따로 있습니다.

태어나 자란 곳이지만 합천의 내 고향 땅을 다시 디딘 것은 떠난

지 무려 45년이 지나서였습니다. 버스로 한 시간이 채 안 걸리는 가까운 곳이지만 나는 고향엘 오지 않았습니다. 비단옷을 입지 않고는 돌아가지 않겠다는, 아버지와 같은 악기가 받쳐서는 아니지만 삶은 여유로움을 내게 선사하지 않아 눈 코 뜰 새 없이 바삐 살아왔기 때문입니다. 아이들 다 크고 남편과 가정으로부터 여유가 좀 생기자 어릴 적 코흘리개 친구들을 나는 찾았습니다. 그 친구들과 어울리며 아주 오랜만에 애환과 추억이 함께 깃든 고향을 찾게 된 것입니다.

장터에서 고향 마을로 드는 큰길은 포장이 되어서 많은 차가 다니지만, 큰길에서 마을로 오르는 길은 수십 년이 지났건만 변함이 없이 오롯한 오솔길 그대로였습니다. 어릴 적 고무신 닳는다며 맨발로 오르내리던 그 길을 걷다가 문득, 고향을 떠나던 날의 아버지가 생각났습니다. 그때의 아버지는 자식들 배라도 안 곯게 하시려고 큰 결정을 내려놓고 계셨습니다. 얼마 양식도 안 나오는 손바닥만 한 땅뙈기를 팔아치우고 대구로 가기 위해 이삿짐을 꾸렸습니다. 애지중지 기르던 소부터 팔고서 쓸 만한 살림살이를 지게에 지고 장터로 팔러 간 그 날. 한밤중이 지나도 아버지는 돌아오지 않으셨습니다. 달도 없이 캄캄한 밤길을 걱정하던 어머니는 남폿불 심지를 돋우며 아버지를 찾아 나섰습니다. 오지 말라는 어머니의 손사래도 물리치고 나는 따라나섰습니다. 멀리 큰 길이 내려다보이는 작은 언덕 위에 어머니와 앉았습니다. 어머니 옆에 기대어 꾸벅거리며 졸든 차에 아버지의 노랫소리가 들려왔습니다. 처음엔 아버지가 아니라고 어머니께 말하였습니다. 늘 부르던 노랫소리가 아니었기 때문입니다. 아버지는 생각이 깊으신 분이셨습니다. 마중 나온 어머니께 자신의 위치를 알리려 노래를 불렀습니다. 술을 좋아하셔서 늘 취해 오셨고. 마중 나온 어머니껜 미안함이 많아서 노래를 부르면서 눈물을 자주 흘렸습니다.

"가슴에 멍든 상처 잊을 길 없어라."

분명 그날의 노래는 울어라 열풍아가 아니었습니다. 이전에 마실 나갈 때 따라나섰다가 아버지의 등에 업혀 돌아오던 날 들은 적도 있는 그 노래는 남정희의 새벽길이었습니다. 당시엔 신곡이지 싶은데 아버지는 어찌 그런 새 노래를 빨리 배웠을까요? 음정은 틀려도 가사만은 정확히 외고 있음은 정말로 이상야릇한 일입니다. 습관처럼 나는 아버지! 하고 부르며 달려나갔습니다. 질경이 풀은 그때도 빼곡히 오솔길을 덮고 있었습니다. 아버지는 환하게 웃으시며 나를 댕강 안아서 지게 위에 태웠습니다. 아버지의 지게는 그날 처음 탄 것이 아닙니다. 어느 눈보라 치든 겨울날 학교에서 나오니 아버지가 눈을 소복이 맞으며 교문 앞에 서 있었습니다.

"아버지, 왜 왔는데?"

뻔히 알면서도 나는 물었습니다. 술을 좋아하셔서 코가 빨갛고 또 남루한 옷차림의 아버지가 창피하여 다른 아이들이 볼까 봐 두려워서였습니다. 두리번대는 나를 아버지는 덥석 안아서 지게 위에 올렸습니다.

"선주야. 우리 선주 눈 맞으면 감기 들까 봐 아버지가 마중 안 나왔나."

바지게 안에 담아온 헌 이불로 나를 덮어 씌워주며 지게를 지시던. 아버지의 그 고마움은 모른 채 동무들이 볼까 봐 꼭꼭 이불 속으로 숨어버리던 나는 참 철따구니 없는 아이였습니다.

"야가요. 우리 딸아이 아입니까. 셋째는 얼굴도 안보고도 데려간다고 내 딸 중에 제일 예뻡니다."

장터에 갈 적에도 웬만하면 나를 데리고 가서는 보는 사람마다 내가 예쁘다며 아버지는 자랑을 늘어놓으셨습니다. 나를 제외하고도 7남매나 되는 자식들이 우글거렸지만 언제나 나를 좋아하여 나만 데리고 어디건 다녔습니다.

그날의 아버지는 평소보다 술이 많이 취해 있었습니다. 술기운이 과해서 휘청거렸지만 넘어질 두려움을 나는 하나도 안 가졌습니다. 오히려 가슴이 뿌듯해 오며 잠이 솔솔 쏟아졌습니다. 아버지 곁에 있으면 세상 그 무엇도 내겐 무서울 게 없었습니다. 집으로 오자마자 아버지는 오빠들이 간결하게 꾸려놓은 이삿짐을 챙겨서 무엇이 그리 급한지 동이 트기도 전에 마을을 빠져나왔습니다. 마을 사람들이 잠에서 깨기도 전에 조상 대대로 살던 정든 고향 집을 버리고 길을 떠났습니다. 오빠들은 지게를 지고 우리는 머리에 이고 대구 가는 새벽 첫 버스를 타려고 오솔길로 내려설 때에 멀리 산봉우리에 맴돌던 희뿌연 안개가 우리 뒤를 따라왔습니다. 마을을 돌아 나올 때엔 숨소리도 죽이라 하시던 아버지가 오솔길에 들며 마을이 안개에 덮여 보이지 않자 노래를 부르셨습니다.

"울면서 돌아서던 안개 짙은 새벽길."

전날 밤 장터에서 올라오며 부르던 새벽길 노래였습니다. 아버지가 왜 새벽길 노래를 불렀는지 그때엔 몰랐지만. 지금은 어렴풋이 짐작이 가는 듯도 합니다. 죽으라고 일을 하여도 입치레도 힘겨운 고향에선 더 살 수 없어서 한밤중 쫓기듯 집을 빠져나와야 하는. 아버지의 심정은 갈가리 찢어졌을 것이고 속울음은 가슴을 뒤덮고도 남았을 것입니다. 고향 집을 돌아보고 또 돌아보시던 아버지의 소처럼 큰 눈망울에 맺혀있던 굵은 눈물방울을 지금도 나는 기억하고 있습니다.

"우리 꼭 성공하여 고향에 다시 오자."

이를 앙다물며 다짐하고 또 다짐하고 그렇게 고향 땅을 떠나왔지만. 아버지는 고향 땅을 다시 밟지 못하고 세상을 떠나셨습니다.

인터넷이 보편화하며 듣고 싶은 노래를 검색해서 찾기 쉬워졌습니다. 먼 산에 안개라도 드리우면 나는 인터넷에서 새벽길 노래를 찾아 감미로운 남정희의 목소리에 빠져듭니다.

사랑은 하늘가에 메아리로 흩어지고 그 이름 입술마다 맴돌아서 아픈데 가슴에 멍든 상처 지울 길 없어라. 정답던 님의 얼굴 너무나도 무정해 울면서 돌아서는 안개 짙은 새벽길

멍이든 가슴의 상처를 안고 울면서 돌아서든 새벽길의 내 아버지. 아버지에게 님은 고향이었습니다. 딸이 아버지보다 더 클 수는 있어도 아버지의 가슴보다 더 크지는 못한다 합니다. 자식을 사랑하시던 아버지의 고귀한 정신을 새벽길 노래 속에서 다시 찾으며 꿈속에서라도 오늘 밤은 아버지를 만나고 싶습니다.

마음을 나눠요_

서부련 반야심경에 대한 단상

반야심경에 대한 단상

우선, 마하반야바라밀다심경(摩訶般若波羅密多心經), 그냥 줄여서, 반야심경(般若心經)의 한 구절을 볼까요?

사리자 시제법공상 불생불멸 불구부정 부증불감 시고 공중 무색
舍利子 是諸法空相 不生不滅 不垢不淨 不增不減 是故 空中 無色

무수상행식 무안이비설신의 무색성향미촉법 무안계내지 무의식계
無受想行識 無眼耳鼻舌身意 無色聲香味觸法 無眼界乃至 無意識界

무무명 역무 무명진 내지 무노사 역무노사진
無無明 亦無 無明盡 乃至 無老死 亦無老死盡

이것이 무슨 말인가… 우선 간단한 해석부터 볼까요? 사리자야 이 모든 비어 있는 상(相)은 생긴 일도 없고 없어질 일도 없다. 더럽지도 않고 깨끗하지도 않다. 늘어날 일도 없고 줄어들 리도 없

· 서부련(徐浮蓮, 1948년 인천출생)
· 한국문인협회 회원, 21C 한국시인회 이사
· 고교 영어교사 역임 · 특별법인 한국해운조합 봉직
· (주)HL해운 상무이사 역임
· 현) 중국 (주)청도MK통상 대표이사
· 동인시집[마음 열고 숲에 서리라] [들풀 소리] [제 몫을 다한 화음]
· Tel : 010-7105-6096 · E-mail : buryun@hanmail.net

다. 그러니까 空한 가운데는 물질(色)이 없고 어떤 사물을 보고 받아드리고 생각하여 행동하거나 인식할 것도 없다. 눈, 귀, 코, 혀, 몸, 뜻도 없고 빛, 소리, 냄새, 맛, 감각과 법(法=識相)도 없으니 눈으로 보는 세계는 실은 없는 것이며 의식하는 세계도 없는 것이다. 무명도 없고 또한 무명이 다함도 없으며 내지 늙고 죽음도 없고 또한 늙고 죽음이 다함까지도 없다. 고집멸도도 없으며 지혜도 없고 또한 얻을 것도 없느니라. 아니? 이게 도대체 뭔 소리인가? 버젓한 실상이 있는데, 지금 정신 빠진 우리들은 헛것만 보고 있단 말인가?

色卽是空 空卽是色 과 是諸法空相 不生不滅 不垢不淨 不增不減 是苦 空中 無色을 납득할 수 있도록 설명하려면 천상 물리학 천문학 상대성 이론 등을 전개해야 되는데 이런 학문은 사실 졸릴 정도로 지루하고 복잡합니다. 그리고 여기는 물리학 교실도 아니고 천문학 교실도 아니니 요점만을 간추려 봅시다.

먼저 色卽是空 空卽是色을 말하자면 "컵의 물속에도 거대한 공간이 있음을 이해하여야 합니다." 먼저 위 원문을 간단하게 풀이해 봅시다. *사리자 시제법공상 불생불멸(舍利子 是諸法空相 不生不滅) 사리자야 이 모든 비어 있는 법(진리)은 생긴 일도 없고 없어질 일도 없다.

◆ 불구부정(不垢不淨)

더럽지도 않고 깨끗하지도 않다.

지금 우리가 보고 만지고 감지하는 모든 존재는 사실 실상(實相)이 없고 더 나아가 그 실상이 없는 공(空) 한 것에 더럽거나 깨끗한 것이 있을 수 없다는 말입니다. 우리가 똥이 더럽다거나 맑은

물이 깨끗하다는 것은 우리 인식이 그러니까 그렇지 개한테나 물고기에게는 더럽고 깨끗한 것이 없습니다.

비유를 들자면, 우리는 나무꾼과 선녀에서 나무꾼이 깨끗하고 아름다운 선녀의 옷을 감추고 그를 납치 해다가 애들을 낳고 잘 살았다 해도, 그녀가 애를 낳으려면 먹어야 하고 배설 기관도 있어야 하는데 그 배설기관도 배설물도 깨끗할 것인가? 더 쉬운 비유를 들자면, 지금 여기에 천사같이 예쁜 처녀가 있다고 합시다. 그녀는 너무나 깨끗하여, 얼굴 피부 발바닥 등 모든 것이 깨끗하다 해도 그녀 역시 밥과 물 등 각종 음식을 먹어야 사는데 그녀가 찐득이가 아닌 이상 배설해야 합니다. 그리고 그녀는 지금까지 그 더러운 배설물을 뱃속에 담고 다녔다고 보면 과연 그녀는 깨끗했는가? 또 그녀가 용변을 볼 때에도 항상 고상하고 그 배설물도 깨끗한가? 도대체 그녀는 깨끗한가? 더러운가? 조물주가 생명을 탄생시키는 가장 위대한 기관을 왜 하필 더러운 배설기관과 용도를 함께 한 이유는 무엇일까?

이번엔 물고기한테 물어 봅시다. 우리가 밥이나 빵이나 피자를 좋아 한다고 하여, 붕어들도 이런 위생적인 것을 좋아할 것 같아 이런 것들을 미끼로 쓴다면 미련한 붕어들은 이것을 먹지 않는다. 물고기들은 그 더럽고 징그러운 지렁이를 좋아 합니다. 이렇게, 깨끗하고 더럽다는 것들은 그냥 상대적인 인식에 의해 나타난 것일 뿐 절대적으로 실상에 있어서는 깨끗하고 더럽다는 실체가 없다는 것입니다.

◆ 부증불감(不增不減)

늘어날 일도 없고 줄어들 리도 없다. 실상은 아무것도 없는데 무엇이 늘어나고 줄어들 일이 있겠는가? 또 이것은 물리학상으로 보더라도 우주 에너지 불변의 원칙(不變의 原則)과 같이 우주에 어떤 에너지가 있다 하더라도 그 에너지는 항상 불변인 것입니다.

여기에 거대한 나무가 있다고 합시다. 그 나무는 언젠가 죽고 썩어서 흙 속에 묻혔다가 다시 다른 생명의 에너지로 전환될 것이고, 혹 장작을 만들어 태운다 하더라도 그 빛과 열기와 연기는 우주로 방출되어 다른 입자들에게 흡수되어 화학적 변화를 일으킬망정 그 에너지는 증감 하지 않습니다.

◆ 시고공중무색(是故空中無色) 무수상행식(無受想行識)

그러니까 空한 가운데는 물질(色)도 없고 오온(五蘊) 이라는 색수상행식(色受想行識)이 없다는 것으로, 정신현상인 느낌과 행동과 의식도 없으며 이 몸이 태어나서 지금에 이르기까지 사물을 보고 생각하며 알게 되었고 또 이 몸이 어떻게 움직이는가를 잘 알고 살아왔다고 생각하겠지만 사실은 그것들의 실체는 없다는 뜻입니다.

이것을 다시 말하면 공중무색 무수상행식(空中無色 無受想行識) 공중에는 색도 수상 행식도 없다. 공중(空中)은 진리 혹은 본질이란 뜻이고, 색수상행식을 다섯 가지의 쌓임이라 하여 오온(五蘊)이라 하는데, 색(色)은 물질, 돈 또는 육체적 욕구 등을 의미하고 수상행식은 정신작용을 의미하여 결국, 「본질적으로 보면 물질과 정신작용은 모두 없다」는 것을 의미합니다. 이것을 쉽게 비유 하자면, 여기에 어떤 예쁜 아가씨가 있다고 하면 이것은 색(色)이고, 어느 떠꺼머리총각 놈이 단숨에 반해 버렸다면 이것은 수(受)이고, 그녀에게 작업을 걸까 말까 생각할 때 이것은 상(想)이고 드디어 작업에 들어갔다면 이것은 행(行)입니다. 드디어 그 작업이 성공하거나 실패하여 마음이 즐겁거나 괴롭다면 이것은 식(識)으로서

"공중무색 무수상행식"의 의미는 즉, 진리의 세계에는 아가씨(색)도 없고, 반하는 느낌도 없고, 망설이는 생각도 없고, 꼬시려는 동작도 없고, 다정한 애인이란 인식도 없다는 것입니다. 분명히 아기씨가 있는 것을 없다고 하고, 예쁘다는 느낌이 있는데 없다고 하고, 꼬시려는 생각이 있는 데 없다고 하고, 행동이 있는데 없다고 하고, 애인 이란 인식이 있는데 없다고 한다면 도사가 아닌 다음에야 납득이 갈 일인가? 부처님이 그랬으니 그대로 믿으란 말인가? 만일 예쁜 아가씨가 본질적인 실상이라면, 굶은 늑대나 호랑이가 보더라도 너무 예뻐서 잡아먹지 말아야 되고 또 누구나 봐도 다 같이 예뻐야 하는데, 이 예쁘다는 것도 보는 사람마다 인식이 다르고 그 수상행식(受想行識)도 저마다 다르니 도대체 그 아가씨의 美에 대한 실체는 절대적으로 존재 하는가?

◆ 무안이비설신의 무색성향미촉법(無眼耳卑舌身意 無色聲香味觸法)

눈, 귀, 코, 혀, 몸, 뜻도 없고, 빛, 소리, 냄새, 맛, 감각과 법(法=識相)도 없다. 무안이비설신의(無眼耳鼻舌身意=六根= 6내처(內處)) 무색성향미촉법(無色聲香味觸法=六境=6외처(外處))을 합하여 십이처 (十二處)라 하는데, 눈, 귀, 코, 혀, 몸, 뜻의 여섯 감각기관은 주체를 의미하고 물질, 소리, 냄새, 맛, 감촉, 법은 주체가 감각기관을 통하여 느껴지는 대상이라 하여 육경(六境)이라고 하기도하고, 또 마음을 가리는 티끌이 된다하여 육진(六塵)이라 부르기도 하는데 이들을 모두 공(空) 가운데는 없는 것이라 하여 부정하는 것 입니다. 십이처의 처(處)는 산스크리트어(語)로 yatana인데, 이는 생장시킨다는 뜻으로, 곧 마음의 작용을 일으키는 장소인 처가 되어 그것을 육성하고 생장시킨다는 뜻입니다. 바로 이 육근과 육경이 상대되면 인식작용이 일어나는데, 이 마음의 작용을 총칭하여 육식(六識)이라 하며 12처와 6식을 합하여 18계(十八界)라고 합니다.

위에서 말한 바와 같이 안근(眼根)은 아가씨를 보고 여섯 번뇌를 일으키고 나머지 오근(五根)도 이와 같으니 육근이 모두 합하여 서른여섯 번뇌를 일으키고, 이것이 과거 미래 현재인 삼세를 합해서 백팔번뇌(6근x6경x3세=108 번뇌)입니다. 염주 알이 몇 개인지 아시겠지요? 바로 108개인데 한 알 한 알을 굴리면서 번뇌 하나씩을 없앤다는 것입니다. 108번뇌는 결국 우리의 주관적인 분별심일 수밖에 없는 6근과 그 대상이 되는 객관적인 6경 사이에서 일어나므로 본질적인 실상(實相)의 세계에는 망념이 붙을 수 없으므로 12처는 존재하는 것이 아니며 따라서 108번뇌란 환영(幻影)이며 모두가 헛것일 뿐이라는 것입니다.

성경 시편에서도 그랬던가요? 헛되고 헛되며 헛되고 헛되도다! 이를 다시 비유 하자면, 먼저 말한 떠꺼머리총각이 예쁜 처녀를 꾀는데 성공하여 정말로 가슴이 터질 듯한 환희심이 가득하여 결혼하기로 작정하고 가족들에게 알렸더니 평소 그 처녀를 잘 아는 가족들이 제각기 비판을 했다고 합시다. 가족의 비판과 다툼이 끝이 없어 고명한 스님의 판단을 구하니 그 스님이 가족을 대표해서 점잖게 그 떠꺼머리총각에게 묻기를 “도대체가 그 처녀의 무엇에 반해서 결혼하려 하는고?” 총각 놈이 한참 생각하다가 대답하길 “무엇에 반했다고 할 특별한 것은 아무것도 없어요. 단지 사랑하기 때문이지요!” “그 사랑이 어디에 있는고? 그대 눈에 있는가, 그대 귀에 있는가? 아니면 그대 손끝에 있는가? 뽀뽀해 본 혀에 있는가? 그런 것들에는 사랑이 없네! 그러면 처녀의 몸매에 있는가? 처녀의 아름다운 목소리에 있는가? 아니면 향수 냄새에 있는가? 혹시 스킨

십 해 봤는지 모르겠네만 부드러운 피부의 감촉에 있는가? 행동에 있는가?

그런 것에도 사랑은 없네! 사랑은 어떤 色, 聲, 香, 味, 觸, 法에 있는 것이 아니네. 그렇다고 "사랑은 없다"라고는 할 수 없지. 왜냐하면 그대가 틀림없이 그녀를 사랑하니까. 그럼 뭐냐? 사랑이란 오직 그대의 환영(幻影)일 뿐, 공(空) 가운데서는 실체가 없는 것이네!" 참고로 사랑이란 말은 "死랑"입니다. 여기서 "랑"은 "너랑 나랑"할 때의 그 "랑"인데 "함께"라는 뜻으로 즉, "사랑"은 "함께 죽자"는 의미 입니다.

(내 이론 *^.^*)

싸움은 붙이고 홍정은 말리랬다고, 이런 식이면 술 석잔은 커녕 녹차 한잔도 얻어먹기는 다 틀리지 않았겠수?

◆ 무안계내지 무의식계(無眼界乃至 無意識界)

눈으로 보는 세계는 실은 없는 것이며 의식하는 세계도 없는 것이니 우리가 눈으로 본다는 것은 실은 허상을 보는 것입니다. 즉 우리가 영화를 보면 치고받고 사랑하고 울부짖는데 그러나 실은 그것은 인화된 필름을 한 장씩 비추면 한 장면에 불과 하지만 연속으로 빨리 비추면 동작이 됩니다. 그러나 그 필름 자체도 실은 허상이듯이, 우리가 눈으로 보는 것은 다 허상인 것이고 귀로 듣는 소리나 냄새나 맛이나 촉각이나 모든 의식하는 것이 실은 없다는 말입니다.

어쨌든 우리는 무안계 내지 무의식계(無眼界乃至 無意識界)를 의식하지 못하고 아니 수긍하지 않고 살아가고 있습니다. 이를 불가에서는 무명(無明)이라고 합니다. 눈으로 보는 세계는 실은 없는 것이며 의식하는 세계도 없다는 것을 인식하지 못하는 그 무명(無

明)을 확연히 인식한다는 것은 무지무지 어려운 일이며 그 것을 확연히 인식하는 것이 해탈입니다. 그 무명은 일종의 꿈과 같은 것이어서 꿈을 꾸고 있는 상태에서는 그것이 꿈인 줄 모르기 때문이며, 꿈속에서는 꿈 그 자체가 절대적인 가치를 지니기 때문입니다. 이와 마찬가지로 무명에 의해서 마음이 미혹되어 있는 사이에는 무명(無明)의 미망성(迷妄性)을 알 수 없으며 미혹되어 있는 상태에서는 그 무명을 보려고 해도 보이지 않습니다. 우리들이 수행을 하는 이유가 바로 여기에 있습니다. 깊은 잠에서 깨고 나면 꿈인 것을 알듯이, 우리들이 어떤 수행을 통해서 무명을 발견한 때에는 무명은 없어지고 마는데 결국 무명이라는 것은 앎(즉 해탈)에 의해서 없어집니다. 따라서 무명이 무엇을 인연으로 해서 생기는지를 더 추구할 필요가 없고, 12인연은 무명을 발견하는 것에서 끝나는 것입니다. 12인연은 생사의 고통을 없애기 위해서 그것이 발생하게 된 원인을 추구하여 마침내 무명을 깨닮게 되는 것입니다. 12인연법을 모르는 중생이, 아니 그 12인연법을 알아도 무시하는 중생이 "전생이 있다지만 전생에 내가 개였건 소였건 지금 나와는 아무 관련이 없으며, 내세도 마찬가지 이다. 내세에 내가 개로 태어나 어느 놈이 보신탕을 해 먹건 말건 현생의 나하고는 관련이 없다. 그건 그때 그 개의 사정이다." 라고 한다면 이 세상은 어떻게 될 것인가! 그럼, 이제 반야심경 원문을 봅시다.

◆ 마하반야바라밀다심경(摩訶般若波羅密多心經)

觀自在菩薩 行 深般若波羅密多時 照見 五蘊皆空 度 一切苦厄
관자재보살 행 심반야바라밀다시 조견 오온개공 도 일체고액〉

관자재보살(관세음보살)이 오묘한 반야바라밀다를 행하실 때 몸과 마음의 욕망이 모두 공한 것을 비추어 보시고 모든 괴로움과 재앙의 바다를 건느셨느니라.

舍利子 色不異空 空不異色 色卽是空 空卽是色 受想行識 亦復如是
사리자 색불이공 공불이색 색즉시공 공즉시색 수상행식 역부여시〉

사리자여 색이 공과 다르지 않고, 공이 색과 다르지 않으니, 색이 곧 공이요 공이 곧 색이므로 느낌과 생각과 의지작용과 의식도 또한 그러하니라.

舍利子 是 諸法空相 不生不滅 不垢不淨 不增不減
사리자 시 제법공상 불생불멸 불구부정 부증불감

사리자여 이 모든 공한 모습에는, 생기지도 않고, 없어지지도 않으며, 더럽지도 않고, 깨끗지도 않으며, 늘어나지도 않고, 줄어들지도 않느니라.

是故 空中 無色 無受想行識 無 眼耳鼻舌身意 無 色聲香味觸法
시고 공중 무색 무수상행식 무 안이비설신의 무 색성향미촉법

그러므로 진실로 본질인 공한 상태에는 물질이 따로 있을 리 없고, 정신현상인 느낌과 행동과 의식이 없으며, 눈과 귀와 코와 혀와 몸과 뜻도 없고, 빛이나 소리나 냄새나 맛이나 감각도 없으며,

無 眼界 乃至 無 意識界 無 無明 亦無 無明盡 乃至 無 老死
무 안계 내지 무 의식계 무 무명 역무 무명진 내지 무 노사

보이는 세계로부터 의식 계까지도 없으며, 무명도 없고, 무명의 다함도 또한 없으며, 늙고 죽음도 없고,

亦無 老死盡 無 苦集滅道 無智 亦無得 以 無所得故
역무 노사진 무 고집멸도 무지 역무득 이 무소득고

늙고 죽음의 다함까지도 없으며, 괴로움과 괴로움의 원인과 괴로움의 소멸과 괴로움을 없애는 길도 없으며, 지혜도 없으며, 얻을 것도 없나니. 얻을 바 없으므로

菩提薩타 依 般若波羅密多 故心無가碍 無가碍故 無有恐怖
보리살타 의 반야바라밀다 고심무가애 무가애고 무유공포

보살은 반야바라밀다를 의지하므로 마음에 걸림이 없고, 걸림이 없으므로 두려움이 없으며,

遠離顚倒夢想 究竟涅槃 三世諸佛 依 般若波羅密多
원리전도몽상 구경열반 삼세제불 의 반야바라밀다

어지러운 헛된 생각을 멀리 여의어서 마침내 열반에 이르게 되므로, 삼세의 모든 부처님도 이 반야바라밀다를

故得 阿뇩多羅三먁三菩提 故知 般若波羅密多 是 大神呪
고득 아뇩다라삼먁삼보리 고지 반야바라밀다 시 대신주

의지하여 아뇩다라삼먁삼보리(최고의 올바른 깨달음)를 얻느니라.

그러므로 반야바라밀다는 가장 신비한 진언이며,

是 大明呪 是 無上呪 是 無等等呪 能除 一切苦 眞實不虛
시 대명주 시 무상주 시 무등등주 능제 일체고 진실불허

가장 밝은 진언이며, 위 없는 진언이며, 견줄 데 없는 진언이어서 능히 일체의 괴로움을 없애고 참으로 진실하여 허망함이 없느니라.

故說 般若波羅密多呪 卽說呪曰
고설 반야바라밀다주 즉설주왈

이제 이 반야바라밀다의 주문을 설하노니 이러하니라.

揭諦揭諦 婆羅揭諦 婆羅僧揭諦 菩提娑婆訶
아제아제 바라아제 바라승아제 모지사바하

건너가자 건너가자 넘어서 건너가자 모든 것을 넘어서 건너가자 그 곳에 공의 깨달음이 있느니라.

揭諦揭諦 婆羅揭諦 婆羅僧揭諦 菩提娑婆訶
아제아제 바라아제 바라승아제 모지사바하

揭諦揭諦 婆羅揭諦 婆羅僧揭諦 菩提娑婆訶
아제아제 바라아제 바라승아제 모지사바하

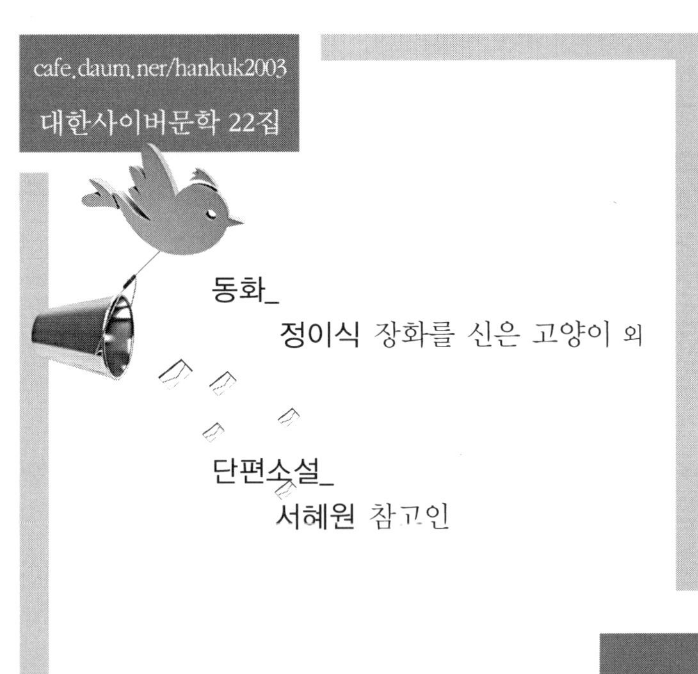
cafe.daum.ner/hankuk2003
대한사이버문학 22집
동화_
정이식 장화를 신은 고양이 외
단편소설_
서혜원 참고인

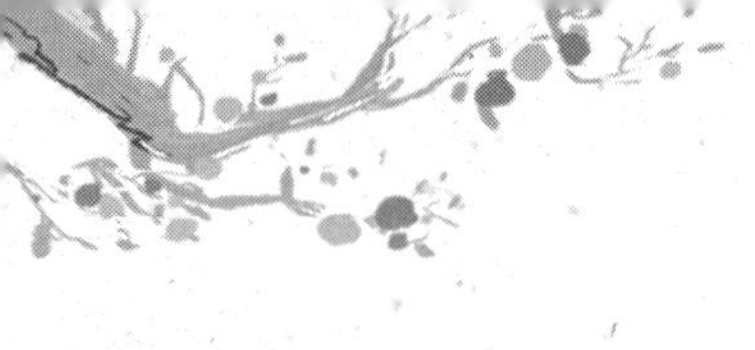

동화_정이식

장화를 신은 고양이

드르륵. 현관문 열리는 소리에 잠이 깨었다. 방문을 열어보니 아빠가 또 고양이를 안고 나간다. 내가 제일 미워하는 고양이다.

"아빠."

"우리 딸, 일어났어? 일요일인데 더 자지 않고."

"흥, 아빤 지윤이 보다 야옹이가 더 좋은가 봐."

그러나 이건 속으로 하는 소리다. 그래보았자 아빠는 코웃음도 안 칠 것이다. 그만큼 못생긴 고양이에게 아빠는 공을 많이 들인다.

"지윤아. 어째 너희 집엔 개집에 고양이가 사니?"

"꼭 개처럼 놀더라. 혹시 멍멍하고 짖는 건 아니니?"

야옹이라 불리는 고양이 때문에 학교에 가면 놀림을 받는다. 다 아빠 탓이다. 고양이를 개처럼 목줄을 메어 개집에서 기르니 그럴만도 하다.

"누나야. 야옹이 보러 가자."

언제 일어났는지 동생 석이가 따라 나온다.

· 1954년 경남 산청출생
· 문학사랑 신인작품상 수상
· 문학사랑 인터넷문학상.수상. 경남신문신춘문예 동화 당선.
· 제34회 근로자문학제 은상 수상.
· 한국문인협회. 문학사랑문인협회. 경남아동문학회 회원.
· 글동네2002. 대한사이버문학 동인.
· 경남진주시하대동 거주. 010-4800-1623

"싫어 너나 가."

신발을 신다 말고 다시 방으로 들어갔다. 석이는 또 고양이에게 간다. 저놈 고양이는 나하곤 원수지간이다. 언제나 나만 보면 호랑이처럼 으르렁거린다. 입을 쫙 벌리고 날카로운 송곳니를 드러내며 노려본다. 물론 내게도 잘못은 있다. 고양이가 우리 집에 처음 왔을 때부터 나는 발길질을 했다. 하지만 어릴 때뿐이다. 이젠 커서 무게만 잡지 차질 못한다. 그냥 움찔 거리는데도 고양이는 물듯이 대든다.

늦은 아침을 먹고 도서관을 가려고 집을 나섰다. 비설거지를 한다며 동생 좀 보라는 엄마 말도 듣지 않았다.

"석이도 이젠 네 살인데 누가 누굴 본다고?"

그냥 해본 말인데 엄마는 서운한가보다. 눈을 흘기며 석이를 안고 갔다. 점심시간이 부쩍 지나서 도서관을 나왔다. 금방이라도 비가 쏟아질 듯 사방이 어둑하다. 골목길을 돌자 집이 빤히 보이는데 허기가 진다. 슈퍼에 들렀다. 주머니를 통통 털어 2천 원짜리 크림빵을 샀다. 아끼느라 핥듯이 먹는데 석이가 보고 달려온다. 할 수 없다. 착한 누나가 되려면 주어야 한다. 조금 베어 물고 석이에게 주었다. 함지박처럼 입이 커진 석이가 크림빵을 받아들더니 어디론가 달려간다. 뻔하다. 고양이에게 가는 것이다. 석이는 언제나 먹을 것이 있으면 고양이와 나눠 먹는다. 나와는 달리 석이는 고양이와 아주 친하다.

"캬오."

갑자기 고양이의 괴성이 들려온다. 후다닥, 달려갔다.

"석이야. 안 돼."

저런? 석이가 고양이 뺨을 때렸다. 놀란 고양이가 토끼처럼 껑충 뛰어올랐다.

"안 돼. 야옹이가 물면 어쩌려고."

석이를 질질 끌다시피 고양이에게서 떼어냈다.

"으앙."

그때야 석이가 울음을 터트린다.

"야옹이가 뺏어 먹었어."

석이는 한입 뜯겨진 크림빵을 바라보며 또 고양이를 때리는 시늉을 한다.

"네가 주었잖아?"

"아니야. 내가 주려고 했는데 야옹이가 먼저 먹었어."

"그게 그거잖아. 어차피 주려던 건데."

"그게 왜 그거야? 내가 주는 것하고 빼앗아 먹는 것은 틀려."

그저 웃을 수밖엔. 다음에 또 사줄게. 하며 석이를 달랬다.

다음날이다, 수업이 끝날 무렵부터 비가 쏟아졌다. 하교 길엔 바람까지 불어서 아이들의 우산이 뒤집어지고 난리다. 비옷을 가져온 나는 그나마 다행이다. 허리를 숙이며 가는데도 날아가려 한다.

"으르렁."

멀리 있어도 고양이는 나를 잘 안다. 미리부터 으르렁거리며 팔짝팔짝 뛴다. 내가 다가가자 납작 엎드렸다가 튀어 오르며 내 뺨을 할퀴려 한다. 화가 났다. 바람에 꺾인 가로수 가지를 주워들었다. 고양이 옆구리를 몇 번 쥐어박았다.

"깨갱,"

이럴 때엔 하는 짓이 영락없는 개다.

"야옹"

돌아서는데 고양이가 또 펄쩍 뛴다.

"엄마야."

겁이나 댓 걸음을 물러섰다. 고양이는 나를 노려본다. 나도 같이 노려보았다. 고양이가 먼저 꼬리를 뺀다. 제집으로 들어가더니 등을 보이고 앉는다. 미워죽겠다. 어떻게 저 녀석을 골려줄까? '그래. 줄을 끌러주자. 어디 먼 데로 가겠지. 고양이는 원래 살쾡이잖아.' 생각을 실천하기위해 살금살금 고양이 집으로 갔다. 녀석은 눈치를 못 챘다. 얼른 줄을 풀었다. 그리곤 냅다 달려서 가게 안으로 들어갔다.

"누가 쫓아오기라도 하냐?"

쌀 포대를 옮기던 아빠가 묻는다.

"그냥. 다녀왔습니다."

별일 없다는 듯 인사만 꾸뻑하곤 내 방으로 들어갔다. 책상 앞에 앉았지만, 아무것도 할 수가 없다. 생각이 줄이 풀린 고양이에게 쏠려 있어서다. 한참을 그러고 있다가 고양이 집으로 다시 갔다.

"앗? 없어. 야옹이가."

으레 없을 줄 알면서도 고양이가 안 보이자 가슴이 덜컥 내려앉는다. 진짜 멀리 갔을까? 혹시 근처에서 놀진 않을까? 나도 모르게 집 뒤로 발길이 간다. 집 뒤엔 빈터가 있다. 아빠는 빈터 구석에 창고를 지어 그 안에 쌀 포대 등을 넣어두었다.

"문이 열려 있네? 바람이 그랬나?"

닫으려고 창고 앞으로 갔다.

"앗."

무심코 안을 들여다보다 놀라서 비명을 질렀다. 무서움도 몰려와서 돌아서며 얼른 문을 닫았다. 그러곤 빗장까지 단단히 찔러 넣었다. 고양이었다. 컴컴한 창고 안에서 고양이는 매서운 눈초리로 나를 쏘아보고 있었다.

"탁. 탁. 탁."

철판으로 된 창고 문을 잠시 긁던 고양이가 조용해졌다. 나오길 포기했나 보다.

"지윤아. 동생 안 보고 어딜 다니니?"

가게로 들어가니 엄마가 눈을 흘긴다.

"응, 그냥,"

얼굴은 빨개졌으나 표시 안 내려 실실거리며 방으로 들어갔다. 다음날도 비가 내렸다. 바람도 마구 불어서 아빠 차를 타고 학교에 갔다.

"태풍은 지금 일본 오키나와 부근에 상륙 중이에요. 이번 태풍은 1급으로 바람과 비가 엄청나서 오늘 수업은 오전만 하고 내일은 휴교합니다."

방송으로 들려오는 교장 선생님 말씀에 아이들이 즐거워한다. 3학년이면 철이 들대로 들었건만 휴교가 뭐 그리 좋다고, 두 손을 번쩍 들어 올려 개그우먼 흉내 내는 아이도 있다.

"야옹이가 없어졌어. 뭐 아는 것 없니?"

데리러 온 아빠가 차 안에서 곁눈질로 묻는다.

"몰라? 내가 어찌 알아."

시치밀 딱 떼었다.

"엊저녁에 밥 주러 갔더니 없더라, 줄까지 끌고 갔는데 누가 잡아갔을까?"

바람이 점점 드세 진다. 승용차가 마구 휘청거린다. 비도 많이 내린다. 가게로 뛰어들자 엄마가 또 같은 소리를 한다.

"지윤아. 너 야옹이 못 봤어?"

화가 난다. 사람보다 고양이를 더 챙기는 것 같아서다. 입을 삐죽거리며 엄마에게 대들듯 대꾸를 했다.

"그깟 야옹이가 뭔 대수람? 바람이라도 났겠지 뭐."

말은 그렇게 하지만, 걱정은 들었다. 창고 안은 텅 비어서 고양이가 먹을 것이란 한 개도 없다. '쥐라도 잡아먹겠지.' 간단하게 생각하려도 자꾸 가슴이 콩닥거린다.

"누나야. 야옹이는 왜 물을 무서워하지?"

그림책을 엎드려서 보며 석이가 묻는다. 석이도 없어진 고양이 때문에 마음이 아픈가 보다. 고양이 그림만 보고 있다.

"글쎄. 발이 젖으면 차가워서 그렇겠지?"

그래도 누나라고 상냥하게 답을 한다.

"장화를 신으면 될 터인데."

냇물을 건너지 못하고 울고 있는 고양이가 그려진 그림책을 보며 석이는 또 중얼거린다. 창문이 떨어져 나갈 듯 덜컹거린다. 전봇대 우는 소리도 구슬프게 들려온다. 책상 앞에 앉아 책을 펼쳤지만, 글씨가 하나도 눈에 안 들어온다. 창고 문을 열어주어야지, 마음은 굴뚝같으나 어둠이 삼킨 뒷마당은 무서워서 못 나가겠다.

그렇게 밤은 지나고 날이 훤해서야 잠이 깨였다. 늦게 잠자리에 든 탓이다. 바람에 문이 뒤틀리며 비가 흩뿌려서 가게 안에 물이 흥건하다. 아빠와 엄마는 빗자루로 물을 쓸어내기에 정신이 없다. 살그머니 나와서 장화를 신었다. 내 장화는 빨간 장화다. 석이 것은 노란 장화다. 빗물을 부러 담았는지 석이의 노란 장화 안에 물이 흥건히 고여 있다. 거꾸로 뒤집는데 엄마가 뒤돌아본다.

"지윤아. 어디 가려 그래? 석이하고 방에 있어."

"알았어. 뭐. 도와주려고 하는데."

"석이 보는 게 엄마 도와주는 거야."

엄마는 내가 방에 들어갈 때까지 눈길을 거두지 않는다. 할 수 없다. 창고 문을 열기로 한 계획은 우선은 포기해야 한다. 석이는 세상모르게 잠들어 있다.

"야옹이가 어디로 갔을까요?"

엄마의 목소리가 느긋하게 들려온다. 야옹이소리에 흠칫 놀란 나는 문가로 다가앉으며 귀를 모았다.

“글쎄. 개장사가 잡아갔는지, 하지만 설마 고양이를?”

“혹시나 어떻게라도 되면 난 못살 거야. 불쌍해서.”

“야옹이 팔자도 참 그렇지. 그때 말이야, 창고 안으로 들어갈 게 뭐람? 나는 그도 모르고 창고 문을 닫았잖아.”

“그래요. 지윤이아빠. 어미는 새끼가 그리 들어간 걸 알았어요. 그러게 밤마다 창고 앞에서 울어 재꼈지.”

“내 잘못이 커. 시끄러워서 쫓는다고 던진 돌이 그만. 그렇게 쉽게 맞아 죽을 줄 누가 알았나? 기분이 아무래도 이상해서, 문을 열어보길 참 잘했지. 하루만 더 지났어도 야옹이는 굶어 죽었을 거야. 속죄하는 뜻에서 자식처럼 소중히 길렀는데 도대체 어디로 갔을까? 혹시 창고에?”

“창고라니요? 지윤이 아빠. 아까 보니 창고는 빗장까지 걸려있던데?”

‘그렇다면 야옹이 엄마를 아빠가?’ 너무 놀라서 몸이 부들거리며 떨려온다. 고양이의 출생 비밀을 처음으로 들었다. 아빠는 동물병원에서 데려왔다고만 했다. 진작 알았으면 그렇게 고양이를 막 대하지는 않았을 것이다. 숨을 크게 고른 뒤에 살그머니 방문을 열었다. 다행히 아빠와 엄마는 등을 보이고 있다. 장화를 신고 뒷마당으로 나가는 미닫이문을 겨우 빠져나갈 만큼만 열었다.

“뿌지직.”

바람을 못 견딘 가로수 한 그루가 뽑히고 있다. 쿵, 소리를 내며 길 가운데로 드러눕는다. 순식간에 나무에 막힌 물줄기가 인도를 타고 넘어 뒷마당으로 들어온다. 그래도 장화가 넘치지는 않는다. 비를 맞으며 창고로 갔다. 빗장을 벗기고 얼른 문을 열었다.

"흑."

숨이 확 막혔다. 하마터면 그대로 주저앉을 뻔했다. 비명이 나오려고 해 손으로 입을 틀어막으며 돌아서 죽으라고 뛰었다. 뒷문을 닫을 생각조차 못하고 방으로 들어왔다. 내 방에 돌아와서야 뛰는 가슴을 진정시켰다. 분명한 귀신이었다. 컴컴한 창고 안에서 시뻘건 핏물이 가득 밴 입을 쫙 벌리며 매서운 눈초리로 나를 노려보는, 고양이는 귀신처럼 창고 가운데에 떡하니 서 있었다. 마음을 다잡은 뒤에야 수건으로 몸을 닦고 옷을 갈아입었다. 그래도 핏물이 범벅이던 고양이의 모습이 머리에서 사라지지 않는다. 이불을 뒤집어쓰고 눈을 꼭 감았다. 잠이라도 들었으면 하지만, 생각대로 잠은 안 온다. 이리저리 뒤척이는데 엄마의 목소리가 들려왔다.

"지윤이 삼자니? 석이는 어디 갔어?"

후다닥 일어나 거실로 갔다. 그림책만 널려있고 석이가 없다. 번개 같은 생각 하나가 머리를 지나간다.

"혹시?"

얼른 방문을 열었다. 역시다. 장화가 없다. 석이 것은 물론 내 것도 없다.

"석이야. 석이야."

아빠까지 나서서 가게 안을 뒤지고 있다.

"지윤이 아빠. 저기 뒷문이 열려 있어요."

엄마가 가리키는 뒷문이 활짝 열려 있다. 비가 그 사이로 휘휘, 소리치며 들어온다. 아빠를 따라 엄마와 나는 뒷문 쪽으로 달려갔다.

"으악."

문에 다다라 뒷마당을 바라보던 우리는 똑같이 비명을 질렀다. 석이다. 홍수처럼 쏟아지는 비를 맞으며 석이가 뒷마당 한가운데에 서있다. 그리고 저 괴물은? 고양이다. 고양이의 목줄을 석이가 잡고 있다.

"야옹아. 어서 와."

"야옹……."

석이가 당기는 목줄에 끌려가지 않으려고 버티고 선, 저런? 장화다. 빨간 내 장화와 노란 석이 장화를 고양이가 신고 있다.

옥수수를 훔친 오소리

"오빠. 눈이 이렇게 많이 내리는데 할머니는 왜 안 오시지?"

조금씩 흩뿌리던 눈은 어둠이 몰려오며 많아졌습니다. 자작나무 숲길 쪽으로 난 언덕길도 하얗게 변했습니다. 오지 않는 할머니를 기다리며 민지는 창문에 끼는 서리만 자꾸 닦아냅니다.

"어쩜 자고 오실 줄도 몰라, 아랫마을엔 할머니 친구 분들이 많잖아."

답은 그렇게 하면서도 오빠의 가슴에도 걱정은 쌓입니다. 할머니는 눈이 내리기 훨씬 전인 오전에 아랫마을로 가셨습니다. 늦을지 모르니 저녁 먼저 먹으라며 당부까지 하셨습니다. 후드득. 참나무 가지에 쌓인 눈이 길 아래로 떨어집니다.

"바스락. 바스락."

부엌문을 긁는 소리가 들려옵니다. 숲 속의 동물이지 싶어서 귀를 모으던 민지는 무섭기도 하여 오빠 등 뒤로 돌아섰습니다.

"산돼지 아닐까?"

"아니야. 돼지는 힘이 세서 문이 부서졌을 거야."

오빠는 무릎걸음으로 부엌으로 난 창 쪽으로 다가갑니다.

"앗! 오소리다. 저놈은."

오빠는 벼락같이 문을 열며 문 박에 세워둔 작대기를 집어 듭니다. 눈을 머리에 하얗게 뒤집어쓴 오소리 한 마리가 솥뚜껑을 밀치다가 놀란 눈으로 오빠를 바라봅니다.

"오빠야. 불쌍한 오소리야 내쫓지 마."

"안 돼. 저놈. 저놈 봐. 할머니 드리려고 아껴둔 옥수수를 물고 있잖아."

옥수수는 민지네 집의 겨울 양식입니다. 할머니 드리려 남겨둔 옥수수 두 개를 오소리가 물고 있습니다. 오빠가 작대기를 치켜들자 오소리는 껑충거리며 앞마당을 질러 달아납니다. 눈이 발목을 잡아당겨서 더디기만 한 오소리의 발걸음입니다.

"이놈. 오소리야. 옥수수 내놔. 그것 할머니 잡술 옥수수야."

"민우 오빠야."

오소리를 뒤쫓아 가는 오빠를 따라 민지도 달려 나왔습니다. 힐끔, 뒤돌아보던 오소리는 갈림길에서 멈칫거리다가 자작나무 숲길로 난 큰길을 버리고 키 작은 참나무들이 옹기종기 모여 있는 샛길로 들어섭니다. 옥수수를 입에 문 오소리의 발길은 더뎌서 뒤쫓는 오빠에게 금방이라도 잡힐 듯, 그렇게 산모롱이를 돌아갑니다.

"컹컹."

갑자기 나타난 가로지른 작은 돌출에 발이 걸린 오소리가 눈밭에 나뒹그러집니다. 입에 문 옥수수도 떨어져 나갑니다.

"에잇. 이놈."

오빠의 작대기에 하마터면 맞았을 오소리는 꽁지가 빠지라고 내달려 도망칩니다.

"오빠야. 옥수수 찾았으니 이제 오소리 쫓지 마."

달아나는 오소리의 옆구리가 홀쭉합니다. 바싹 마른 오소리가 민지에겐 불쌍해 보입니다.

"그래. 그러자 민지야. 엉? 이것 봐 사람이야. 사람."

작은 돌출을 작대기로 쓸던 오빠가 놀라 소리칩니다.

"할머니. 할머니다."

민지의 할머니는 엎드린 채 눈에 덮여서 가쁜 숨만 몰아쉬고 있습니다. 오빠는 할머니를 등에 업고 집으로 달려갔습니다. 민지와 오빠의 정성 어린 간호에 할머니의 기운은 금방 돌아왔습니다.

"혈당이 갑자기 낮아져서 그래. 미처 사탕을 먹지 못했어. 이젠 괜찮다."

당뇨병이 심한 할머니는 사탕을 가지고 다니십니다. 혈당이 낮아지면 드시곤 합니다.

"왜 큰길 놓아두고 작은 길로 오셨어요? 혹시나 해서 민지랑 큰길로 마중을 갔잖아요. 고개 위에서 보면 아랫마을이 보여요. 할머니 안 오실 줄 알았어요."

"그랬니? 할미가 욕심을 부려 늘 다니던 길을 두고 샛길로 왔구나. 그나저나 오소리 덕에 내가 살았네."

"할머니. 그런데요? 오소리는 겨울잠을 자는데 어째서 우리 집에 나타났어요?"

민지는 할머니 무릎 곁으로 바싹 다가앉으며 할머니의 얼굴을 바라봅니다.

"눈 내리기 전에 뱃속을 가득 채워야 겨울잠을 자는데, 아마 그 오소리는 많이 굶주렸지 싶구나. 제대로 먹지 못하면 겨울잠을 잘 수 없거든? 이렇게 눈까지 오면 더더구나 먹을 것이 없지. 우리가 그들의 양식을 다 가로챘기 때문이야."

밤은 점점 더 깊어가고 눈은 점점 더 쌓여갑니다. 다음날부터 저녁이면 산골 민지네 부엌문 앞에는 옥수수 두 개가 문고리에 걸렸습니다. 오소리는 어둠이 깔리면 민지네 집으로 내려왔습니다. 해코지하는 아무도 없음을 잘 아는 오소리는 문고리에 걸려있는 옥수수를 물고 갔습니다. 키 작은 참나무들이 모인 샛길이 아닌 황량하지만 자작나무 숲길이 널따랗게 펼쳐진 큰 길을 따라서, 이젠 제법 살이 오른 엉덩이를 씰룩거리며 옥수수를 물고 천천히 돌아갔습니다.

아기 염소와 할미꽃

아기 염소가 있었어요. 혼자서 숲길을 가는데 지나던 다람쥐 형제가 넙죽 엎드리며 절을 하더래요. 아기 염소는 깜짝 놀랐어요.

"나는 아기인데 왜 내게 절을 합니까?"

"턱밑의 하얀 수염을 보니 당신은 할아버지가 틀림없습니다. 어른에겐 인사를 잘 하여야지요."

다람쥐 형제는 한 번 더 인사를 하고 그 자리를 떠나갔어요. 아기염소는 진짜인가 싶어서 옹달샘에 자신을 비춰 보았어요. 바람이 산들 불자 옹달샘 안의 하얀 할아버지 수염이 휘날리네요. 그래도 혹시나 해서 근처의 풀에게 물어보았어요.

"얘들아, 내가 어른으로 보이니?"

노란 애기똥풀이 다소곳이 고개 숙이며 대답했어요.

"그럼요. 우리는 언제나 애기인걸요. 할아버지."

아기 염소는 신이 났어요.

"에헴."

헛기침을 일부러 하며 산길을 갔어요. 오소리도 너구리도 아기 염소의 하얀 수염과 의젓한 걸음걸이를 보고 '할아버지.' 하며 인사를 해 왔어요. 먼 산의 나풀거리는 풀도 또 나뭇잎도 모두 자신을 보고 '할아버지.'하고 인사를 하는 듯 했어요. 아기염소는 더욱 우쭐거리며 산모롱이를 돌아갔어요. 그런데 거기 무덤가에 핀 할미꽃은 인사를 하지 않더랍니다. 괘씸하기도 하여 아기염소는 큰소리를 쳤지요.

"넌, 어른을 몰라보냐?"

그러자 할미꽃은 허리를 더욱 구부리며 말을 하더래요.

"이놈, 어린놈이 건방지구나, 나는 태어나면서부터 할머니다."

아기염소는 아무소리 못하고 얼굴이 빨개져서 그 자리에서 도망쳤답니다. 이제 다시는 어른 흉내를 내지 않을 것이란 다짐을 하면서요.

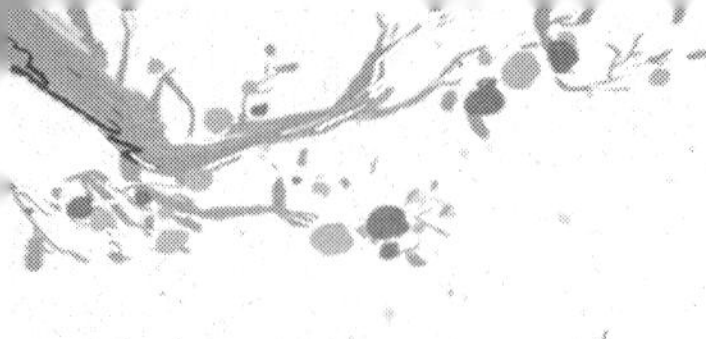

단편소설_서혜원

참고인

(1)

지하철 전동차에서 내려 지상으로 올라가는 에스칼레이타에서 테이크아웃 커피숍 직원과 마주쳤다. 나보다 한 칸 위에 서서 아래에 서 있는 나를 돌아보며 묻는다.

"가방이 왜 그렇게 무거워 보여요? 웬만한 것들은 두고 다니시죠."

"온종일 가게에 있으니까. 혹 필요할까 싶어 담다 보니…"

"아~네에"

나는 뒤죽박죽 엉켜있는 가방 안을 들켜버린 것처럼 무안해졌다.

"그쪽 가방은 가벼워 보여요."

"전 들고 다닐 게 별로 없어요. 화장품 몇 개 밖에요."

그러고 보니 내 가방 속엔 샘플용 스킨과 로숀 외에는 들어있지 않은데 이것저것 잡동사니들이 많이 들어있는 편이었다. 그 중에서도 혹 읽게 될지 모르는 책 몇 권이 가방의 무게와 부피를 늘렸다.

· 1951년생
· 수필문학 등단
· 한국수필가협회 회원, 문학사랑문인협회 회원, 군포문인협회 회원
한국문인협회 회원, 한밭소설가협회 회원
· 문학사랑 제10회 인터넷문학상 수상
· 대한사이버문학회 회장
· e-mail : cryingbird50@hanmail.net

"어젠 정말 사람이 없었어요. 언니 네는 어땠어요"

언니! 라는 말에 갑자기 친근감이 느껴졌다. 부모 형제도 없이 자란 나는 고아원의 동생들이 그렇게 불러주었다. 아무 관계도 없는 사람이 언니, 라고 불러주는 건 그녀가 처음이었다. 신문사 후배들도 그렇게 부르진 않았다. 대화는 자연스럽게 장사 쪽으로 옮겨갔다.

"어젠 움직이지 않기로 한 날인가 봅니다. 오늘은 있지 않을까요?"

언니, 라고 불러주는 그녀의 매력에 자연스럽게 끌려 오래전부터 아는 사람처럼 굳이 안 해도 좋을 말들을 늘어놓았다.

"흐흐~"

커피숍 직원은 위로를 해주려는 듯한 내 말이 뜻밖이라고 생각했었던지 어색한 웃음소리를 흘렸다.

에스컬레이터에서 내리며 나는 테이크아웃 직원에게 가볍게 눈인사를 했다. 테이크아웃 직원은 내 인사를 눈치 있게 얼른 받았다.

"언니! 이따 한가할 때 커피 마시러 오세요."

나만 보면 "커피 마시러 오세요."라고 늘 하는 말이지만 한 번도 커피숍 앞에 가본 적이 없었다. 그냥 빈 인사로만 받아넘겨왔었다. 가게 안으로만 들어오면 바쁘다. 보고, 만지고, 묻고만 가는 손님들이라도 놓치고 싶지 않기 때문이다. 장사를 해 보면 자기도 모르게 욕심꾸러기가 되어간다.

"……"

"커피 값 안 받을게요."

역시 늘 듣던 말이다.

"차라리 오늘 퇴근 후 생맥주 어때요?"

늘 먼저 베푸는 듯한 말투에 나도 뭔가 해야 할 것만 같은 조급함에 나도 모르게 맥주를 하자는 말로 답를 하고 말았다.

"와우~멋져요. 오케이~오늘 우리 조금 일찍 문 닫을까요?"

테이크아웃 직원은 새로운 만남이 기대되는지, 아님 그런 척 하는 것인지 아무튼 기분이 무척 좋아보였다. 둘 다 가게를 혼자 운영하고 있어 자리 비우기가 쉽지 않았다. 그리고 상대방 영업에 방해가 되지 않도록 조심하다 보면 가게 문만 열면 바라다 보이는 커피숍이지만 실제 가까이 지내기는 힘들었다. 커피를 마시자는 인사도 언제나 내가 먼저가 아닌 그녀가 먼저여서 비록 주고받고 한 적 없었지만, 내가 늘 대접을 받았다는 느낌을 떨쳐버릴 수가 없었다. 말 나온 김에 한턱 쏠 때가 된 듯하였다. 약속이 있어 안 된다고 하여도 섭섭할 것 없는데 여자는 기다렸다는 듯이 흔쾌히 받아들였다.

(2)

상가를 임대받을 때 이미 업종이 정해져있었다. 난 커피와 음료, 토스트 등을 판매하는 쪽을 선택했다. 그런데 개업 일주일 전 맞은편 상가에 테이크아웃이 들어온다는 통보를 받았다. 상가 영업부에 항의를 하자 책임자가 나와 나직나직 나를 설득하기 시작했다. 커피를 들고 다니며 마시는 것이 요즘 젊은이들의 풍경인 터라 언제고 이 지하상가 안에 입점이 될 건 틀림없는데, 그게 내 가게 앞이라서 기분이 나쁠 뿐인 거라고, 나도 물러설 수 없었다. 위법이고 상도덕에 어긋나는 약속 위반이니 억지 부리지 말고 저쪽에다 업종변경을 하던가 다른 쪽으로 보내라고 하였다. 어떻게 그렇게 하겠느냐고 장사는 어차피 경쟁 아니냐 오히려 더 잘 될 수도 있지 않느냐고 나를 붙들고 끈질기게 설득했다. 왜 나만 가지고 그러냐고 저쪽에 가서도 그렇게 말해보라고요, 그 쪽과는 말이 안 되게 되어있나 보죠. 이건 엄연히 계약 위반입니다. 그럼 한 달만 장사를 해보고 이야기 합시다. 그럼 저도 커피 팝니다. 파세요. 그러면 저쪽에다 그리 한다고 말씀해 놓으세요. 따지러 오지 않게요. 그래도 왠지 맞은편 커피숍을 빤히 바라보면서 커피를 판매할 수는 없었다. 내가 업종을 변경하겠다고 했다. 상가 안에 입점이 안 된 업종을 말 해보라고 하니 액세사리 라고 하였다. 젊은이들이 많이 지나다니는 장소이다 보니 그게 좋을 것 같다는 생각에 그걸로 하겠다고 하였다. 상가임대업자는 내가 법적대응까지 가지 않을 거란 어떤 확신을 갖고 있는 듯한 태도였다. 그것이 더 화가 나게 했지만 난 그들 바람대로 양보하는 것으로 마무리를 지었다. 토스트를 굽기 위해 시설해 놓은 설비 물들은 상가임대업자가 철거 비용을 부담하기로 하였다. 그것 하나만으로도 더 크게 꼬일 법한 일이 잘 풀린 거라고 위로하기로 했다. 때문에 테이크아웃 커피숍보다 며칠 늦게 문을 열 수밖에 없었다. 때문에 어떤 힘과 권력에 밀려버린 듯한 패배감은 그쪽을 바라볼 때보다 불쑥 치솟기는 하였지만, 그곳 직원이야 무슨 상관이 있을까. 철부지 아이처럼 오며 가며 방긋거리는 것이 점점 다정한 이웃으로 다가들었다. 온종일 얼굴을 건너다보면서도 정식으로 통성명 할 겨를은 없었다. 무심하게 지나쳐왔었는데 오늘 아침은 문득 궁금했다. 알고 싶어졌다. 왠지 그래야만 할 것 같았다.

(3)

"참 좋다!"

지하상가 안에 치킨 점은 지상보다 일찍 마감하기 때문에 우리는 자정을 넘길 각오를 하고 지상에 있는 치킨 집을 찾았다. 호수가에 있는 상가는 대낮처럼 불을 밝히고 있었고, 산책로는 연인들의 데이트로 발걸음이 끊이지 않았다. 밤 산책을 나온 인근 주민들의 모습은 이 시간엔 거의 없었다. 헤어지기 힘들어 하는 연인들이나 영혼의 상처를 달래려는 듯 혼자 길을 걷거나 하염없이 호수를 내려다보고 앉아있는 사람들의 모습만이 눈에 띄었다. 도심 안에 이런 호수와 산책로가 있다는 건 축복이 아닐 수 없다. 그럼에도 사람들은 이와 같은 환경에 감사할 줄 모른 채 삶의 현장에서 아귀다툼 하고 있다. 나도 그녀도 그랬다. 그러나 우리 둘은 지금 새로운 만남에 가슴 설레고 있었다. 누군가를 알아간다는 것은 두려움일 수도 있고 기쁨일 수도 있었다. 그 둘 중 우리는 어느 쪽에 속할지 우린 둘 다 알지 못한다. 다만 우리가 함께 하는 순간만큼은 외롭지 않을 것이란 것이다. 나는 잔을 들어 보였다.

"우리들의 첫 만남을 위하여!"

그녀는 들었던 술잔을 입에 살짝 대고 내려놓으며 성급하게 물었다. 무지하게 궁금해 하고 있던 숙제를 얼른 풀어버리고 싶은 듯한 표정이었다.

"근데 언니! 궁금한 게 있어요. 결혼하셨어요?"

"했었지."

"아~돌싱?"

"후훗~귀신이네요."

"힌트 주셨잖아요. 과거형으로. 이래 뵈도 센스 백단이랍니다."

"우리 서로 이름은 알고 지내자구요. 난 독고지원 서른다섯."

"어? 희귀성이시네요. 전 최미림에요. 서른 흐…."

"미림씨! 반가워요. 아직까진 나도 같은 삼십대네요."

"말씀 놓으세요. 미림아! 해도 돼요."

"그럴까? 그럼 자긴 날 뭐라고 부를 건데?"

"언니요. 지금처럼!"

"그래요. 그렇게 할까요?"

"전 언니도 오빠도 없고 남동생이 한명 있어요. 결혼하셨으면 자녀분들이 있겠네요."

"없어요."

"전 결혼하고 일주일 만에 남편이 죽었어요."

그 말을 듣는 순간 당황한 쪽은 나였다. 친숙해진 다음에 해도 좋을 말 아닌가 싶었지만 미림은 지나가는 말처럼 가볍게 툭 던졌다. '무거운 말일수록 가볍게' 라는 화법에 익숙해져 있는 듯하였다. 오히려 난 더 이상 듣고 싶지 않아 미림의 말을 막으려 하였다.

"어? 미안해요. 더 이상 말 하지 않아도 돼요."

"아뇨. 3년 됐어요. 동생 선배였는데 좋아서 한 결혼도 아니었으니까요."

"아무리 그래도… 미안해요."

"전화 받고 나갔다가 행방이 묘연해졌어요. 핸드폰도 불통이구요."

"저런! 결혼 일주일 만이면?"

"맞아요. 신혼여행 중이었어요. 여행지에서 그랬어요. 숙박 중인 호텔에서요."

"그럼 어디서?"

"계단에서 찾았는데 이미 숨이 멎어 있었어요."

"뭐하셨던 분이었어요?"

"남편의 진정한 모습은 지금도 알 수 없어요. 선배라고 했는데 동생도 잘 모른다고 하더군요. 공무원인 줄 알았더니 죽고 나서 안 사실인데 아니더라나요. 동생도 남편의 사고에 대해선 전혀 짐작이 가는 게 없다고 해요, 사실 갑작스런 일인데 누군들 뭘 알겠는지요. 아무튼 동생이 경찰과 합의 했나 봐요. 부검 없이 사고사로 판정을 했어요. 전 뭐 어떻게 할 수가 없었습니다. 동생에게 전임했고 의지했지요. 선 본 지 한 달 만에 결혼을 해 솔직히 남편 주위 사람들을 알고 지낼 새가 없었습니다. 남편의 가족까지도 짐작 가는 게 없다고 하더군요. 남편의 알 수 없는 죽음은, 그냥 개인적인 이유일 것이라 생각해야했지요. 죽은 사람의 운명이 기구한 건지 그런 일을 당한 내 운명이 기구한 건지…"

"내키지 않은 결혼이었나요?"

"적령기였는지 결혼이 그냥 하고 싶더라구요. 마침 동생이 소개를 해서 믿고 진행했었죠."

"어린 나이에, 충격이 얼마나 컸을까. 어떻게, 뭐라고 위로해야 할지… 할 말이 없네요. 그 이야기는 그만하고 한 잔 해요. 자~"

나는 잔을 들어 보였다. 미림도 500 씨씨가 들어있는 잔을 내 잔 가까이로 들이밀었다. 불빛 때문인지 미림의 눈빛이 붉게 물들어 보였다. 안 그런 척, 대수롭지 않게 말하려 애를 쓰고 있지만 미림의 상실의 슬픔이 마음에 깊숙이 와 닿았다.

"우리 앞으로 이웃사촌으로 잘 지내봅시다."

나는 미림의 눈을 깊숙이 들여다보았다.

"친 언니처럼 모실게요. 그냥 그냥 언니가 좋아요."

"난 네가 싫어~"

"어? 왜요? 잘 좀 봐줘 봐요."

"그 커피숍이 싫어."

"알아요. 우리 땜에 언니가 업종을 바꿨다는 거 알고 있어요"

"그래?"

"그런 건 난 모르잖아요. 나하곤 상관없잖아요. 하지만 항상 언니 쪽을 바라보면 미안했어요. 혹시 저희 동생이 한 짓이 아닐까 의심이 들기는 하였지만 물어본다고 답 줄 녀석도 아니고… 그래도 언니! 나쁜 생각하지 말고 나만 바라봐요."

나는 장난스럽게 웃어보였다. 내 웃는 모습을 보고 미림은 진심이 아니라는 걸 알았는지 안심을 하는 눈치였다.

"궁금한게 있어요. 물어봐도 될까요?"

"……"

"에이~ 궁금한 건 못 참아. 위자료 많이 받으셨나요?"

"미림씨! 난 결혼이 아니고 동거했다가 헤어졌어요."

"에이 미혼이시네."

"미혼은 아니지."

"언니! 그런 말씀은 아무한테도 하지 마세요. 진행 중이 아니라 끝나버린 과거잖아요. 언니만 말 안하면 돼요."

"그렇게 말하면 미림씨도 호적에 올리지도 않은 채 끝났잖아요?"

"전 언니와 다르지요. 결혼식을 올렸잖아요. 사람들은 그것을 기억해요. 그래서 전 결혼을 한 여자에요."

"그런가?"

"잘 통할 것 같은 예감이 팍팍 들었어요. 자자~ 언니 우리 한 잔 다시 해요."

나는 사람들이 꽁꽁 숨기려 하는 부분들을 캐내 기사화 하던 기자의 끈질긴 본성을 잃어버린 지 오래 되었다. 이젠 타인의 사생활에 관심이 없다. 알고 싶어 하지 않는다. 왜냐하면 말을 하고 싶어 하는 사람들일수록 깊은 상처를 안고 살아가고 있기 때문이다. 타인의 상처를 어루만져줄 만큼 살갑지 않은 성격 탓일 수도 있겠지만 언제부터인가 주위에서 일어나고 있는 사건들에 무심해져있었다. 그것은 내가 누군가를 위로해줄만한 주제가 되지 못한다는 것이다. 타인의 상처를 보듬어가기엔 내 삶이 보편성을 갖고 있지 못하다고 생각하고 있기 때문이었다. 미림이 결혼했냐고 연거푸 물어왔는데도 냉큼 대답을 하지 못한 것도 다 그 까닭이다. 난 사실혼을 경험한 사람이고 이혼이란 법적 절차는 없었어도 헤어진 경험도 있었다. 결혼을 했냐 안 했냐는 만인이 보는 앞에서 결혼 서약을 했냐는 것이다. 그리고 호적에 결혼신고를 했는가를 묻는 것이다. 하지만 내가 시작한 동거가 실제 결혼이 아니라고 생각한 적은 없건만 또한 결혼이라고 진심으로 생각한 적도 없었다. 헤어질 때까지 그와 내가 함께 산다는 건 미래를 향한 약속이나 희망 따위 없는 그저 오늘을 사는 것뿐이었다. 내일을 설계하지 않았지만 뜨거운 열정만으로 충분히 행복한 오늘을 살 수 있다는 것, 그것만으로 감사하고 기쁘게 생각했었다. 우리가 내일 헤어진다 해도 그것은 조금도 이상할 것이 없을 것이지만 그런 날은 없을 것처럼 서로에게 집중했다. 그래서 누군가 결혼을 했냐고 물어오면 얼른 답을 하지 못한다. 동거했다가 헤어졌어. 그게 결혼이라면 결혼이었겠지. 남자와 먹고 자고 한 적이 있으니까. 나는 결혼과 처녀성을 동일시하려는 고정관념을 갖고 있었다. 오늘 말하고 싶지 않은 자신의 치부를 쉽게 털어놓을 수 있었던 것은 30세의 소녀 같은 미림이 자신을 미망인이라고 망설임 없이 말해주는 솔직함과 대담성에 대한 조건반사적인 반응일 뿐이었다. 미림의 말대로 우리는 앞으로 잘 소통하며 지낼 수 있을 것 같았다. 그러나 어린 그녀에게 매번 선수를 빼앗기고 있다는 것은 그만큼 내가 그녀에 비해 둔하다는 느낌을 떨쳐버릴 수 없어 왠지 찜찜했다. 언제든지 나보다 먼저 자신을 여는 나이 어린 여자의 처신에 압도당하고 있다는 느낌은 그다지 유쾌한 것만은 아니었다.

(4)

여자의 로망인 웨딩드레스까지는 입지 않았더라도 남자와 살아보기도 하고 헤어져보기도 하였다. 지금은 아무렇지 않게 말하지만 만나고 헤어지는 일이 쉬운 일이 아니라는 것과 분명 그것은 자존감을 상실하는 커다란 상처였다. 스스로 당당하지 못한 삶으로 받는 아픔은 다시 경험하고 싶지 않았다. 결혼의 환상을 동거로 대체하는 따위의 경험은 한번으로 족했다. 하지만 미래는 아무도 모른다. 그와의 시작도 꼭 그러고 싶어 한 것이 아니었었다. 공공산하 단체장이었던 그를 그 해에 주목받는 인물로 취재하러 나갔다가 만나 첫눈에 반해버리고 말았다. 어쩌면 남자의 능숙한 화술과 매너에 넋이 나갔거나, 아니면 내가 권력과 명예를 숭상하는 속물이었기 때문인지도 몰랐다. 당시 남자는 이혼을 하고 혼자였다. 놓치고 싶지 않았다. 때문에 우리들의 만남은 동거까지 가는데 며칠 걸리지 않았다. 눈에 콩깍지가 낀 난 그 사람과 살기 위해 내 일을 그만 둬 버렸다. 차마 말 할 수 없는 내 인생의 두 번째 잘못된 판단이었다. 물론 첫 번째는 그와의 동거였다.

미림은 부모님의 유산 상속자인 동생과 함께 살고 있다고 하였다. 동생이 결혼할 때를 대비해 열심히 저축해 방 하나라도 얻을 수 있어야 한다고 하였다. 남편이 준비한 신혼집은 시댁에서 빼갔고 미림은 혼수만 달랑 들고 지금의 집으로 들어왔다. 지병이 있었던 부모는 딸의 결혼 파경으로 그것도 사위의 죽음으로 충격이 컸었던지 두 분 모두 연년으로 돌아가시고 말았다. 동생이 뭐라 하는 것 아닌데도 머리 큰 동생과 같이 한 집에서 지내려니 은근히 눈치가 보였다. 그럴 때마다 미림은 누려보지 못한 결혼생활에 대한 미련과 아쉬움을 느꼈다. 결혼 뒤에 숨어버리고 싶은 나약함도 포함되어 있었다. 하지만 그런 생각도 잠깐, 비명횡사한 남편을 생각하면 진저리가 쳐졌다. 하지만 세월은 그녀에게 예전의 모습을 조금씩 되찾아 주었다. 테이크아웃 커피숍을 맡아 경영하면서였다. 발랄한 몸짓과 톡톡 튀는 말투로 테이크아웃 커피숍 앞은 젊은 사람들, 특히 젊은 남자들이 단골이 되어 북적였다. 예쁜 아가씨가 방긋방긋 미소를 지으며 만들어주는 커피의 맛은 그들에겐 일품인 모양이었다. 미림은 손님들 마음을 즐겁게 해주는 비결을 갖고 있었다. 때 묻지 않은 순수함이 그들에게 전달되고 있다는 증거였다.

(5)

동거한지 몇 개월 지나자 김상진은 뜬금없이 내게 부탁을 했다.

"어느 누가 어떤 식으로든 나를 나쁘게 말해도 당신은 나를 믿어주길 바래."

그에 관한 말을 전해줄 그 어떤 사람도 알지 못하는 내게 동거남은 왜 그런 부탁을 하는지 이해할 수가 없었다.

"왜 그런 말을 해? 난 당신 주위 사람들에게 감춰져 있는 거 아니었어?"

"만약에…"

"만약에?"

"기자 생활 할 때 알던 사람들이 당신과 나 사이를 모르니까 내 이야기를 할 수도 있지. 좋지 않게."

"좋은 말만 듣고 살 순 없겠지."

"혹 그런 말을 믿고 당신이 날 떠날까봐서."

내가 자신을 떠날 만큼 치명적인 결점을 갖고 있는 사람인가? 난 아리송한 그의 부탁에 동의할 수 없어 대답하지 않았다. 나는 그 누구보다도 공정하고 정의로운 터라 혹 그가 범죄나 부정적인 방법으로 돈을 벌고 있다거나 어떤 사건에 관계되어 있다면 그가 부탁한 대로 믿어줄 자신이 없었다. 난 그를 가혹하게 혹평을 하며 그 일을 중지하라고 할지도 몰랐다. 그러나 난 그를 가장 정당하고 정의로운 사람으로 내가 존경할 수 있는 사람이라고 믿고 있었다. 다만 그는 자신이 어떤 사건에 연루되었을 때도 자신을 나만큼은 반드시 믿어주길 바라는 눈치 같았다. 또한 그런 이유로 자신을 떠나지 말라는 두려움이 담긴 애원 같기도 하였다. 상당히 이기적인 사랑을 강요하고 싶어 하는 것 같았지만 난 묻지 않았다. 내가 알면 실망할 어떤 것들에 관계를 하고 있는 건 아닌지 묻고 싶었지만 답하기 곤란한 질문이 될 수 도 있겠다는 생각에 그만두기로 하였다.

우리들의 관계는 불안한 미래였다. 언제고 돌아서면 그것으로 끝인 것이다. 때문에 난 그의 그 어떤 언행에도 의혹과 이의를 제기하지 않았다. 그가 낙하산 발령을 받은 공직자라는 것은 그를 취재하기 전부터 알고 있었다. 공공산하 단체장 발령은 변칙이 관행처럼 이어져 오고 있었다. 만나 보면 적격 인사라고 생각되는 인물이 있는가 하면 세금 낭비라는 생각이 드는 형편없는 인물도 있었다. 김성진은 전자에 속했다. 김성진은 경영인이라기보다 정치적인 인물이었다. 변칙을 합리화 하면 안 되는 줄 알지만 김성진은 그 자리에 앉아있기에는 넘치는 인물이라고 생각했다. 뭐가 어떤가? 좋은 인연으로 맺은 사람이 그가 갖고 있는 권력으로 능력 있는 사람을 발탁했다면 이 사회에 유익한 것이 아닐까. 라며 아전인수 격으로 그의 공평하지 못한 인사를 이해하려했다. 그래서인지 그는 자신을 발탁해준 사람의 권유로 정당 공천을 받아 정계진출을 준비하고 있는 눈치였다. 그는 주위에 "돌싱"으로 알려져 있었다. 결혼 후 곧바로 이혼을 했기 때문에 자녀도 없었고 여자는 외국에 나가 한국에 없었다. 당시로선 나와의 관계만 잘 숨기면 여자로 인해 구설에 오를 건 없었다. 동거에서 결혼으로 이어진다면 당연히 그의 정치생명에 누가 될 리 없겠지만 우리는 결혼 약속을 하지 않았다. 서로에게 필요한 것들만 취하며 서로에게 폐를 끼치지 않는 범위 내에서 잘 지낼 수 있길 원한다는 동거 취지에, 우리는 서로 합의를 했기 때문이다. 결혼이란 보험이 없는 사람에게 직장까지 내 놓으며 올인 해, 불평등한 생활을 행복하게 할 수 있었던 것은 순진한 젊음 때문이었을 것이었다. 그리고 솔직히 시간이 흐르면 그의 마음이 변해 나를 결혼상대로 선택해 주기를 바랐다. 그러나 어느 날 그는 약속한 대로 나와 헤어졌다.

(6)

생맥주를 함께 한 이후로 미림과 나는 급속도로 가까워졌다. 미림은 내 사생활에 관해 더 이상 질문을 하지 않았다. 처음 만나 맥주를 마시던 날 그녀의 질문을 반기지 않는 모습에서 나의 닫힌 일면을 본 듯하였다. 그 이후 미림은 자신의 이야기로만 일관했고 나는 들어주는 쪽에 있었다. 그러면서 점심도 같이 하고 상가가 문을 닫는 일요일에는 남대문과 동대문 상가를 돌아다니며 쇼핑도 하고 생맥주도 마셨다. 둘 다 동안이라는 것만 믿고 이 나이에는 감히 해볼 수 없는 클럽에도 배짱 좋게 들어 가 춤을 추었다. 한 달의 한 번 꼴로 영화도 가고 석 달에 한번은 가까운 산에도 올랐다. 꿈이 큰 남자의 숨겨놓은 여자로서는 누릴 수 없었던 것들이었다. 어디를 가나 남의 눈에 띌까 봐 주위를 살피는 그의 모양새가 싫어 나는 그와의 외출을 삼갔다. 그가 출근을 한 낮 시간 먹고 싶은 것을 찾아 나섰고, 영화도 혼자 봤다. 생활이 다른 친구들과의 만남은 공허하기만 해 모든 만남을 중단했다. 마음 맞는 사람들끼리 같이하는 기쁨을 잊고 있던 내게 미림과의 인연은 신선한 충격이었다. 모두가 미림이 기획하고 준비하는 프로그램에 출연만 하는 역할이었지만 나는 서서히 그런 문화에 매력을 느꼈다. 행복해 하는 미림을 바라보면 그녀를 위해 좋은 일을 한 것처럼 뿌듯하고 흐뭇했다. 이제껏 내 안에 갇혀 살던 내가 세상 밖 색다른 세상 풍경에 놀라워하고 기뻐하며 중독되어가는 느낌이었다. 우리는 프로그램의 순번을 정해 짬짬이 시간을 내 즐겼다. 미림은 행복해 하는 날 보며 언니! 사는 거 별거 아니죠? 이렇게 살아요. 심각하고 진지할 것 없어요. 장사로 빠져나간 에너지, 좋은 사람들끼리 만나 충전하는 한 방법이라 생각해도 좋구요. 난 언니만 바라보면 좋아요. 이렇게~요. 라며 내 팔짱을 끼었다. 좋은 사람 생겼나? 언니 있잖아요. 난 언니를 보면 나도 모르게 가슴 한 켠이 짠해지지만 좋아요! 나도 그래. 네가 행복해 하는 모습을 보면 나도 즐거워지고 행복해. 고마워. 우리 사랑하는가 보다 그지? 그러면 미림은 까르르 목젖이 다 보이도록 입을 크게 벌리고 웃었다. 난 그 모습이 사랑스러웠다. 예뻤다.

(7)

어느 날 부터 미림은 남자 이야기를 자주하기 시작했다. 남편의 죽음으로 심하게 놀랐지만 그렇다고 남자에 대한 관심까지 끊어버린 것은 아니었다. 미림은 커피숍을 찾는 손님들 중에 자신에게 정성을 쏟는 남자가 있으면 놓치지 않고 맞장구를 쳤다. 이따금 치근대는 남자가 있으면 싫지 않은 듯 비난인지 칭찬인지 모를 수다를 떨었다. 그리고 조언을 청했다. 남자가 다가올 때는 어떻게 하면 좋을까. 그러지 못하게 할까. 아님 한번쯤 따로 만나볼까 하는 것이었다. 내숭을 떠는 성격이 아닌 터라 미림은 거침없이 남자에 대한 자신의 심정을 솔직하게 털어놓곤 하였다. 네 마음이 시키는 대로 해. 크게 기대하지는 말고 라고 충고했다. 간혹 데이트가 있고 난 다음 날 미림은 몹시 흥분해 있었다. 듣기 거북한 욕설을 마구 쏟아냈다. 욕을 할 만한 일을 당하고 온 것이란 짐작은 갔지만 도저히 더 듣고 싶지 않았다.

"그런 건 다 대비해야지. 이팔청춘 아니잖아. 순진한 척 하는 게 더 이상하지 않나?"

"그래도 그렇치. 당일 해치우려는 심뽀는 뭔지…"

나는 웃었다.

"됐어! 그만해. 안 넘어갔으면 되었지."

"해봤는데?"

"엉?"

"기분이 영 더럽다라구요."

"호~어째 맘에 안 들었나?"

"차를 들추기지 않나. 집을 말하지 않나? 허 참"

"제빈가?"

"그래서 그랬죠? 다방 종업원한테도 울궈 먹을 게 있다고 생각했나?"

"그랬더니?"

"자기 가게 아니냐고?"

"……"

"어째 난 만나는 놈 마다 그 모양인지, 언니가 마음대로 하라 해서 했는데…"

"그래도 본색을 빨리 드러내서 다행이네."

"빨리 알아본 내가 용하죠 뭐!"

"그래 맞다. 잘했어!"

"그리고 뭐 다른 말 할 건 없어요?"

"뭘?"

"조심하라 던지, 계속 네 꼴리는 대로 살라 던지…"

"잘 하고 있는데 뭘? 조심해서 만나고 조심해서 즐겨."

아무래도 불성실한 조언 같기는 한데 어찌 하겠는가. 친언니인들 말릴 수 있을까. 본인의 경험에 의해서 헤쳐 나갈 문제였다. 걱정하고 염려할 만큼 순진하지 않았다. 미림에게는 이미 남자를 바라보는 안목이 생겨있었다. 금방 대처하는 솜씨로 보아 경제적으로나 감정적으로나 당하고 다닐 만큼 순진하지 않았다. 크게 염려할 건 없어보였다.

(8)

불편한 이야기는 하지 말자고 해도 미림은 가끔 내 동거남에 대해 알고 싶어 했다. 동거남과 헤어질 때 약속한 게 있었다. 살아가면서 평생, 그 어떤 경우에도 서로에 대한 이야기는 하지 않기로 했었다. 나는 그가 제시하는 것에 무조건 동의했다. 만약에 그 약속을 위반 시 어떤 대가를 치르게 될 거라는 협박을 농담처럼 굳이 안 했어도, 동거 사실은 내가 새로운 사랑을 하게 될 때 무거운 짐이 될 터이기에 강요하지 않았어도 나도 바라는 바였다. 그리고 결별의 쓰라린 상처를 다독거리기 위해서라도 그는 내게서 죽은 남자였다. 만약 다시 내 앞에 나타난다 해도 내게 그는 유령일 뿐이었다. 그런데 미림은 그 사람 이야기를 해달라고 졸랐다. 미림이 내 남자에 대해 갑자기 관심을 갖는 게 무언지 그 이유를 알 수 없었다. 그동안 미림은 내가 말하기 싫어하는 부분은 애써 건드리려 하지 않았었다. 돌변한 듯한 그녀의 모습이 자꾸 낯설었다.

"내가 말을 하지 못하는 것은, 정확하게 그를 알지 못한다는 거야. 그냥 그렇게 남인 듯 아닌 듯, 설렁설렁 살아왔기 때문일 거야."

"어떻게 그럴 수가 있었어요?"

"부부가 아니라는 건 그렇더라구. 뭐 사람이 사람을 소유했다고 할 수는 없겠지만 결혼은 법적권리라는 게 주어지잖아. 동거는 어설퍼. 서로에게 자유스러워. 아마도 그런 게 그를 깊이 알려고 하지 않았는지도 몰라. 서로 스스로 말하지 않는 한 질문은 없었어,."

"그럼 뭐하고 지내요?"

"글쎄~뭘 했을 것 같은가?"

미림은 피식 웃었다. 짐작이 간다는 의미일 것이다.

"내가 아는 그는 공직자였고, 야망이 있는 남자였다는 거지. 그에게 내 존재는 자신의 야망에 걸림돌이 될 수도 있었고. 그는 정식 결혼을 하기 위해 떠났어."

"왜 언니를 선택하지 않았어요"

"차인거지."

"언니도 참! 굴러온 복을 차셨네요. 잡으시지."

"찬 게 아니라 차인 거라니까. 덕분에 난 자신에게도, 세상 밖에도 당당해졌어."

"결혼을 했으면 더욱 당당하게 되는 거 아닌가요? 왜 그랬어요?"

"얘가 얘가…그게 아니라니까."

"그러면 그 사람의 근황이나 연락처는 갖고 계신가요?"

"근황은 뉴스를 통해 대충 알고 있지만 연락처는 없지. 근데 참 이상하다. 미림씨 왜 자꾸 그 사람에 대해 묻지?"

"언니는 그런 거물을 만나고도 위자료 같은 거 받지 않으셨나요?"

"거물? 이 가게 받았잖아. 임대기간 동안이지만"

"아~"

"그 어떤 거로도 문제 만들지 않길 바래. 이 부분은 내 치부니까.”

“사실혼인데 당연히 받아야죠. 위자료 받은 건데 무슨 치부에요? 사준 것도 아니니고 임대료만 내 줬구만. 제대로 받은 것도 아니구만”

(9)

아무리 힘들고 어려운 상황에서도 길을 한번 터놓으면 그 다음부터는 모든 게 수월해진다. 미림의 커피숍 앞을 슬쩍 슬쩍 지나다니던 습관은 옛말이 되었다. 오며 가며 들여다보며 수다를 떠는 것이 일상의 즐거움이 되어가고 있었다. 뭐하고 있어? 하며 얼굴 한번 쳐다보고 웃는 것이 서로에게 하루를 견디게 하는 힘이 되어주었다. 그래서 사람은 혼자 살 수 없는 모양이었다.

화장실을 다녀오다 미림의 가게를 들러 볼까 하고 흘끗 쳐다보니 미림이 어떤 남자와 이야기를 하고 있었다. 손님이 있구나 하고 그냥 지나치려 하니 미림이 언니! 하며 불렀다. 목소리가 모른 척할 수 없게 쩌렁쩌렁하다.

“동생에요.”

“안녕하세요? 최성호입니다. 누님한테 말씀 많이 듣고 있습니다.”

“야~ 내가 언제 언니 말을 했어? 언니가 오해하겠다. 아니야! 동생이 그냥 인사로 하는 말에요.”

미림의 변명이 더 이상하게 들릴 지경이었다. 난 미림에게 알고 있어 라는 표정을 지어보이곤 성호에게 고개를 숙였다.

“그럼 동생하고 이야기 해”

“잠깐만요! 이렇게 뵙기도 쉽지 않은데 오늘 점심 어떠세요?”

“아~아닙니다. 두 분이 오붓하게 하세요.”

"언니! 이런 기회 자주 없어. 함께 하자"
"다음에, 다음에 해. 알았지?"
"누님하고 점심하려고 예약해 놓은 식당이 있습니다. 숟가락 하나만 올리면 됩니다. 가시지요."
자기 집 밥상도 아닌데 숟가락 하나 올리면 된다는, 말 같지 않은 말은 식사에 꼭 동석시키고 싶은 다급함 때문일 거라고, 미림을 봐서 봐 주기로 하였다. 강경하게 거절하면 될 텐데 난 끝까지 거절할 수 없었다. 미림을 불편하게 하고 싶지 않았기 때문이다. 밥 한 번 같이 먹는다고 크게 잘 못될 건 없을 거란 생각도 들었다. 한 시간 정도 벌선다는 느낌으로 허락을 했지만 왠지 썩 내키지 않았다. 미림은 연신 내 눈치를 보며 어색한 분위기를 바꿔보려 애를 썼다. 난 미림의 귓가에 작은 목소리로 속삭여 줬다.
"괜찮아. 너무 애 쓰지 마"
예약해 놓은 일식집은 송파구청 근처였다.
"점심이니까 가볍게 먹죠? 날씨도 춥고, 대구탕 괜찮죠?"
"이 집은 대구탕도 예약해야 하나 봐요?"
어이가 없다는 듯 나도 모르게 불쑥 뱉었다.
"여기가 좀 그래요."
미림이 냉큼 받아 정리했다. 그리고 내게 괜찮죠? 라고 물었지만 내가 대답하지 않을 거란 거 알고 있는 미림이 힘차게 답한다.
"좋아!"
그제야 나는 입가에 웃음을 물었다. 미림은 내가 웃는 걸 보고 안심을 하는 듯하였다.
"전 명함이 없습니다. 제 핸드폰에 번호 부탁드려도 될까요? 누나 행방이 묘연해질 때 전화 드리려구요."
"초면에 무슨 그런 실례를? 가르쳐 주지 마세요. 얘 선수에요. 언니 넘어가지 마세요!"
"미림씨가 가르쳐드리세요."
"심상찮은데 이 분위기…내가 왕따 당할 것만 같은데?"
어색한 분위기를 달래보려는 듯 미림이 엉뚱한 말로 눙쳤다.
"궁금했습니다. 어떤 분인지요. 누나가 하도 자주 말을 해서요."
"남자 분들도 그런 일상에 궁금증을 갖나요?"
"그럼요. 가족이라고는 누나 밖에 없잖아요."
"언니! 사실 커피숍 주인이 제 동생에요."
"……?"
"놀라셨지요?"
"그럼 업종변경을 하게 한 분도 동생?"
"그건 제가 사과드리겠습니다. 미안해요."
"그것 땜에 가게 주인이 동생이라고 말 못했어요. 용서해줘요."
나는 불쾌감을 감춰야할지 이대로 자리를 떠야할지 잠시 난감했다. 그러나 도저히 더 참고 앉아있기가 싫었다.
"미안해요. 초대해주셔서 감사한대요. 먼저 일어나겠습니다."
"언니 나도 같이 가요."
이 상황을 어떻게 이해하고 받아들여야 할지, 참고 있었던 분노가 확 하고 올라왔다. 그렇다고 왜 그랬느냐고 따지기도 우스운 일이고 다 잊었다고 말 하고 천연덕스럽게 밥 먹을 자신은 더욱 없었다. 때문에 난 그들과 한 자리에 앉아있기가 싫었다. 미림의 호의조차 의심되었고 가식이라면 가증스럽다는 생각에까지 이르자 나도 모르게 눈물이.핑그르르 돌았다.

(10)

최성호에게서 만나자는 연락을 받은 것은 헤어진 지 보름 후쯤이었다. 만나고 싶지 않다고 거절했다. 최성호는 정중하게, 꼭 뵙고 드릴 말씀이 있다고 하였다. 마음 편안하게 만날 수 있도록 일요일 오후 시간은 어떠냐고 하였다. 미림씨도 나오는 거냐고 묻자 아니라고 하였다. 나 역시 미림이 없는 자리가 말하기 편안할 것 같다는 생각에 허락을 했다.

밖은 영하 18도의 차가운 날씨였다. 몸 안으로 파고드는 깊은 찬 바람에 자꾸 움츠려 드는 듯 해 일부러 목을 길게 늘여 빼 보았다.

"새로운 장소보다는 한번 만난 이곳이 찾아오기 좋을 것 같아 정했습니다."

성호는 지난번 만났던 일식집을 약속 장소로 정한 이유를 설명했다.

"이번에는 맛있는 걸로 해요. 한 사람 빠졌으니까요."

난 성호의 농담을 받아 줄 생각이 없었다. 반응이 없어도 최성호는 무안해하는 눈치가 아니었다. 최성호는 점심 특선을 주문해 놓고 기다리고 있었다. 주문한 음식은 내가 도착하자마자 바로 들어오기 시작했다.

"드세요. 드시면서 이야기해요"

"무슨 능력이시지요?"

난 성호의 능청에 비위가 상했다. 업종변경을 강제로 시킨 성호의 부당한 행위에 단죄의 말문을 열었다.

"아~그거요?"

"불법이라는 거 아시죠? 문제화 되면 여럿 다친다는 것도 알고 계실텐데요."

"전직 기자라는 거 알고 있습니다."

"……뒷조사도 하십니까?"

"그 정도야 기본이죠."

"전직 기자였으니까 문제화 할 수 있을 거란 생각도 하셨겠네요."

"저는 오래전부터 지원씨를 알고 있었습니다."

"그래서요?"

"저희 매형이 생전에 지원씨와 김성진씨를 관찰했었습니다."

"미행이나 감시를 했다는 거네요. 그 말 책임질 수 있나요?"

"매형은 죽었습니다."

"타살이란 말입니까?"

"아니, 그게 아니고 지원씨와 김성진에 대해 알고 있는 사람은 세상에 없다는 거죠."

"그건 그렇구요. 묻고 싶은 건 상가 업종을 임의대로 변경할 수 있었던 것에 대한 배경을 묻고 싶습니다."

"전 지원씨의 동거남에 대해 이야기하고 싶은 거구요."

"그와 같은 질문이 저한테 적절하다고 생각해요?"

"네."

"김성진씨와 엮는 거라면 전 빼 주세요. 전 그 사람과 헤어졌다는 거 성호씨가 더 잘 알고 있을 것이고. 제가 모르는 일도 더 잘 알고 있고, 만약에 김성진씨가 많은 비리를 저질렀다면 저한테 올 일이 아니라 직접 찾아가거나 경찰에 신고를 하든가 그래야 되지 않겠어요?"

"순진한 척 하지 마세요. 가지고 있는 상가 김성진씨가 해준 거 맞죠?"

"그게 뭐 잘못됐나요? 무슨 상관이죠?"

"그 상가 김성진씨도 정당하게 받은 거 아니라는 겁니다. 포기하시죠. 그것만 포기하시면 지원씨 찾을 일 없을 겁니다."

"더 이상 나눌 이야기 없네요. 앞으로 미림씨 동생으로 대접하지 않을 겁니다."

"미림 누나 남편, 매형은 둘의 관계를 너무 잘 알고 있었습니다. 그리고 죽었구요. 그 점만 명심하면 무슨 뜻인지 알 수 있을 겁니다. 김성진씨는 곧 대선에 도전할 확실한 후보 아닙니까? 지원씨도 그 사람한테 배신 당한거구요."

"아는 척 하지 말아요. 난 그 사람에게 당신들처럼 나쁜 감정 없으니까요."

"그럼 만나서 물어보시든가요."

"근데 성호씨 정체는 뭔가요. 국가정보원이세요?"

"요즘 끄떡하면 국가정보원 들추기는데 참고로 국가정보원이 그렇게 할 일 없나요. 아닙니다."

"도대체 나한테 왜 이러시는 겁니까?"

"김성진씨의 과거는 정적들에게 표적이 되어있습니다."

"……"

"둘 관계는 그것이 순수했던 아니던, 불륜이던 아니던 세상 사람들, 특히 유권자들에겐 커다란 관심사가 되기 충분하지요. 그렇지 않겠어요?"

"제가 그렇게 허술해보이나요?"

"후훗~법적대응을 하시겠다는 건가요?"

"그래야겠지요?"

"그러시기 전 김성진씨를 만나 상의하셔야 하는 거 아닌가요? 그 사람 성격이나 성정으로 미루어 용납하지 않을 것 같은데요. 그리고 야망이 있는 사람들은 무슨 짓을 저지를지 모를 일이구요."

"그 사람과 전 이미 끝났고 그 사람은 당시 혼자였습니다. 불륜도 아닌데 왜 그걸 트집 잡나요?"

"상관없어요. 코에 걸면 코걸이 귀에 걸면 귀걸이니까요. 김성진씨는 당신을 정리하고 정략결혼을 하였다는 거 알 만한 사람은 다 알고 있으니까요."

"미림씨 동생이라고 믿었었는데, 정말 실망입니다."

"그건 개인적인 감정이구요."

"김성진씨의 결혼 전 동거가 대선 출마에 걸림돌이 되는 거라면 터트리세요. 차라리, 제가 언론에 나가 해명을 하겠습니다. 당신들의 각본에 입 맞출 생각 없습니다."

"터트리면 대선 출마에서 표 얻기는 힘들어지지요. 특히 여성유권자 표를 얻기란 매우 힘들겁니다. 기사화 되고 사실 확인하고 어쩌고저쩌고 하는 사이 표심은 반대당 후보에게로 완전하게 넘어가 버릴 거구요. 거기다가 상대방 쪽에서 소설을 쓰면 더욱 길어지고 게임은 금세 끝 ~되겠지요?"

(11)

남편의 죽음에 대해 전혀 아는 게 없는 미림이나 동거남이 대선까지 꿈꾸고 있는 남자라는 걸 모른 채 살아온 거나 남자에 대해 모르는 건 조금도 다를 게 없었다. 그리고 그 사람을 낙마시키는데 내가 그의 아킬레스건이 되어 정적의 집중 공격을 받게 되었다는 것은 얼마나 웃기는 일인가. 난 어이가 없어 한동안 "멘붕"에 빠져 있었다. 미림의 동생이 내 위치를 추적해낸 것은 그리 힘들지 않았을 것이었다. 미림과의 친분이 동생의 계획에 영향을 주었다는 생각은 들지 않았다. 하지만 미림이 한마디씩 흘린 말들이 동생이 나를 찾는데 수월하게 하였을 수도 있겠다는 생각은 들었다. 미림에게 전화를 했다.

"동생이 이상한 이야기를 하던데, 동생한테 나에 대해서 이야기한 적 있나?"

"전혀요!"

"전혀요?"

"동생이 저를 찾아온 것 모르지?"

"네에? 모르는데,,,동생이 왜 언니를 찾아가요? 이상하네…"

"그래? 내일 출근해서 이야기 하자."

꿈을 꾸지 않는다면 이런 일이 일어날 수는 없는 거였다. 내가 불륜을 저질렀던 것도 아니고 독신남과의 관계였었는데, 이것이 김성진의 대망에 걸림돌이 된다고 하는 최성호의 논리는 억지일 터인데도 신경을 사뭇 건드렸다. 이럴 때는 어떻게 해야 하는지, 나한테는 반짝이는 기지도 내밀 배짱도 없었다. 설혹 열치 없는 사건이라 하여도 난 그것을 헤쳐 나갈 자신이 없었다. 궁여지책으로 함께 기자 생활을 했던 신문사 입사 동기인 친구를 찾았다. 김성진과 동거를 시작하면서 사회생활을 접었었다. 그리고 내내 연락을 끊고 살았다. 만나자고, 보고 싶다고 그토록 소식을 나누고 싶어 해도 내 쪽에서 연락을 취하지 않았었다. 다급하다 보니 염치마저 없어졌다. 친구는 이제 신문사에서 능력 있는 베테랑급 기자로 인정받고 있었다.

"그동안 정말 미안했어. 근데 내가 이렇게 위협을 받고 있는데, 상식적으로 이해가 가니?"

난 최성호와 있었던 이야기를 간추려 들려주었다.

"가지. 충분히...너 바보 됐구나. 너 기자 맞아?"

"상상할 수 없는 일이 내게 벌어지려고 해 도와주라."

"아무래도 덫인 것 같다. 너를 자극해 둘의 관계를 현재 진행형으로 만들고 싶은가보다. 여론화 시키려는 것 같군. 김성진씨를 만나면 안 되겠네. 너희들 다시 만나고 있는 건 아니지?"

"헤어진 이후 한 번도 본 적 없어. 그 사람이 내 앞으로 임대해준 상가를 포기하라고 하더군. 임대일 뿐인데. 아마도 그걸 어떻게 하나 의논하기 위해 그 사람을 찾아가게 될지도 모른다는 생각인 것 같기도 하고."

"먼저 터트리는 방법은 어떨까?. 네 생각은?"

"안 돼! 성진씨와 약속했어. 둘의 관계를 침묵하기로, 밝히는 쪽이 불이익을 당할 수도 있다고, 대가를 치르게 하겠다고…"

"그 사람 조폭야?"

"응?"

"그러지 않고선 약속만 하면 됐지 응징을 하겠다는 건 뭔가. 나쁜 사람 맞네."

"뭐 나도 그럴 마음은 없었으니까. 동의 했구…"

"각서 썼니? 하긴 썼어도 무용지물이기는 하지만 말야."

"그런 건 없었어."

"터트릴 수밖에 없으면 너한테 연락 줄게"

"글쎄?"

"곧 무슨 일이 일어나려나 보다, 그러니까 일거양득을 하려는 사람부터 움직이기 시작했지. 기자들이 들이닥치기 전 잠시 피해 있는 게 좋을 것 같은데 네 생각은 어때?"

"들이닥칠 게 뭐 있을까?"

"세상 사람들은 너와 같은 경우에 더 흥미를 느끼지 않드나? 너도 기자 시절 잘 쫓아 다니지 않았남?"

"……"

"대선 후보 윤곽이 곧 나올 텐데… 그 안에 김성진씨 뉴스에 자주 나올 테고. 네가 함 전화 해볼래? 그 사람을 위해주고 싶으면 말을 맞춰야 하지 않을까?"

"금방 안 된다 해놓고는…"

"보호해주고 싶은 거니?"

"나를 보호하고 싶은 거지."

"안 밉니?"

"뭐 그렇게까지는…자유로운 영혼들인데"

"그 사람은 결혼했잖아. 자유로울 수 없을 텐데. 그리고 선거에 나올 사람이면 그 어떤 것에서도 자유로울 수 없어. 넌 그 사람과 왜 헤어졌니?"

"나는 그 사람에게 계산이 되지 않는 상대였으니까."

"네 말 한 마디에 대선에 못 나올 이유 될지 모르겠다."

"흐…"

돌아오는 길에 상가 영업부에 전화를 해 가게 임대가 언제까지인가를 물었다. 계약 만료가 되어오기 때문이었다. 계약이 끝나면 당연히 재입찰에 참가하지 않을 참이었다.

"상가 명의가 독고지원씨 앞으로 되어있습니다."

"임대만 하는 거 아니었나요? 분양도 있었어요?"

"그럼요. 일부는 분양도 했었습니다."

"임대였는데 언제 분양이 되었나요. 난 모르는 일인데요. 나 몰래도 가능한가요?"

"그건 저희들도 모릅니다. 담당자가 따로 있으니까요."

(12)

미림의 가게 앞에 서서 잠시 이야기를 나눴다. 동생이 하는 일이 정확하게 뭐냐고 물어보았지만 미림은 알지 못한다고 했다.

"우린 그렇게 많은 이야기 나누지 않아요. 요즘 부쩍 언니에 대해서 묻는 것 같더라구요. 난 언니한테 이성으로 매력을 느끼나 싶었지요. 나이 차이가 상관없는 세상 됐잖아요."

나는 미림의 이 말이 진심이 아니라는 것 알고 있다. 지금 무언가 감추고 싶은 게 있다는 것을 엉뚱한 말로 대신하고 있는 것이었다. 미림이 정직해질 때까지 기다리는 수밖에 없었다. 그리고 사실 미림에게서 진실을 기대하고 있지는 않았다.

"나이도 어린데 동생의 부동산 재테크가 뛰어나 보이네."

"동생이 쪼끔…그래요. 상가를 여러 개 가지고 있어요. 그 중 가장 작은 걸 저한테 맡겼어요. 경험 쌓으라구요."

"상가업종까지 바꿀 수 있는 영향력도 있어보이구."

"에이~그건 잊어버려요. 우리들의 인연만을 생각하기로 해요."

(13)

나는 최성호에게 전화를 해 만나자고 했다. 최성호는 나를 룸이 있는 카페로 데려갔다. 어쩌면 이대로 납치되어 갈 수도 있겠다는 생각이 들어 으스스해졌다. 그러나 시작했으니 마무리는 지어야 했다.

"나눌 대화가 좀 진지할 것 같아 이곳으로 모셨습니다. 편안하게 말씀 하셔도 됩니다. 겁먹지 마세요. 저 나쁜 사람 아닙니다."

왠지 그 말은 그 반대로 들렸다. 이곳은 그가 자주 애용하는 장소인 듯 주문을 받으러 오는 사람들과 친숙한 눈빛이 오가는 게 보였다. 주문한 차가 도착하자 그는 천천히 찻잔에 입술을 댔다.

"성호씨는 왜 김성진씨의 대선 출마를 저지하려 하나요? 김성진씨 반대당과 관계있나요?"

"전 정치와는 무관합니다. 지시에 따를 뿐입니다."

"누구의 지시냐고 물으면 답하지 않으실 건가요?"

"당연하죠."

"김성진씨의 비리를 수집중인가요? 아니면 내게서 원하는 게 있는 건가요?"

"둘 다죠."

"그럼 제게는요?"

"김성진씨가 준건 모두 버려버리세요. 누나와의 인연을 생각해 드리는 충고입니다."

"저를 이용하고 싶은 건 성호씨잖습니까?"

"저는 갈취지만 김성진씨는 지원씨를 제거하려할 수도 있다는 겁니다. 매스컴에 지원씨 존재가 알려지길 원치 않으니까요."

"그렇게 단순한 거 아니잖습니까, 성호씨가 바라는 대로 제가 상가를 넘겨줘도 성호씨 임무는 그대로 진행될 거잖아요."

"지원씨는 다치지 않아요."

"어떻게요? 성진씨 비리가 조사되면, 그래서 그것이 불법으로 받은 상가라면 그것을 내게 준 사실도 밝혀질테고 그리고 그것을 빼앗아간 성호씨도 만천하에 드러날텐데요. 정말 그 상가를 넘겨받자는 목적만 있나요?"

"지원씨 한테는 그 목적만 있습니다."

"알다가도 모를 일입니다. 칼만 안 들었지 당신 지금 남의 약점을 잡아 강탈해 가겠다는 거 아닙니까? 강도나 하는 짓이라는 거 알고 계시죠?"

"김성진씨도 자기꺼 아닌 걸 받아 지원씨 한테 준거니까. 피장파장이죠."

"상가는 조직에서 원하나요? 아니면 성호씨 개인으로 원하는 건가요?"

"조직에서는 지원씨가 언론에 노출되길 원하고 있습니다. 그 전에 지원씨 짐을 하나 정리해드리려고 하는 거죠. 전 안 붙잡힙니다."

"무모하고 어리석은 짓이라는 거 알고 있죠? 어차피 다 밝혀질 일 아닙니까."

"김성진씨가 거기까지 일을 만들지 않을 겁니다. 유능하니까요."

"그렇다면……?"

"전 상가 하나만 챙기면 됩니다. 굳이 지키시고 싶으시면 가지고 계세요. 하긴 돈인데 쉽게 포기하겠어요. 누구나…그렇죠. 행운을 빌겠습니다."

(14)

영원한 미스테릭이었던 미림의 남편의 죽음에 새삼 의혹이 생기기 시작한 것은 성호를 만나고 나서였다. 나하고는 무관한 사건이라고 생각했었는데 왠지, 아무래도 그 일에 성호와 김성진이 관련되어있는 것같이 생각되었다. 살인사건인데 추측으로 될 일은 아니었다. 경찰도 아닌 내가 백번 물어봐야 모두 아니다 라고 할 것이 뻔했다. 최성호의 협박과 충고로 인해 갑자기 내 머릿속은 뱅글뱅글 돌아가기 시작했다. 본능적인 자기방어가 발동하기 시작했다.

차 기자에게서 전화가 왔다.

"지원아! 조짐이 수상타. 김성진 쪽에서 해결사 조직을 고발 했어. 아무래도 대선 후보 정적 쪽에서 일을 시작한 것 같은데, 괜찮겠니? 치열한 공방이 시작될 텐데 그것들이 널 가만 놔둘 것 같지 않은데 괜찮겠니? 잠시 피해 있어보는 게 어때? 기자들이 분명 널 찾아갈 거야, 잠시 잠적해 있어라. 괜찮지? 메모 해 이 번호로 자주 전화하고…"

나는 친구인 차 기자의 전화를 받고 미림의 가게로 갔다.

"에스프레소 한 잔만 해줄래?"

"어? 웬일이세요? 차를 다 시키고…기다리세요. 금방 만들어 올리겠습니다."

"자기 것도 한잔 더 만들어. 같이 마시자."

"오케이~"

"혹 동생에게 일이 생기면?"

"무슨 소리?"

"만약에?"

"느닷없이 그게 무슨 말에요?"

"만약에 동생한테 무슨 일 있으면 말야. 연락해!"

마시던 찻잔을 계산대에 놓으며 미림의 눈이 놀라는 것을 바라보며 난 돌아섰다.

다음 날 신문 헤드라인에는 해결사 조직에 의해 협박을 받고 있는 김성진 대선 후보의 관한 기사로 도배되어 있었다. 텔레비젼 아침 뉴스에도 마찬가지였다. 정적(政敵)의 사주를 받았다면 정확하게 누가 그랬을까 를 조사 중이라고 하였다. 김성진의 여자관계도 있는 것 같은데 아직 확실 하지 않은 제보라고도 전해주었다. 해결사 조직원 중의 일원인 최성호에게는 여동생이 있는데 살고 있는 집 문은 굳게 잠겨있다고 하였다. 김성진의 동거녀였던 여자와 최성호의 유일한 가족인 누나를 참고인으로 조사하기 위해 행방을 쫓고 있는 중이라고 하였다. 그러니까 최성호는 벌써 구속조사를 받고 있다는 이야기였다.

(15)

그날 밤 미림이 놀란 목소리로 전화를 했다.

"언니! 어떻게 해요? 동생이 경찰서에 가 있나 봐요."

난 미림을 어떻게 할까 생각하다가 함께 가기로 했다.

"미림씨 나 믿지? 믿지 못하면 나오지 말고"

"어디로 가려구요? 갈게요!"

"두툼한 점퍼입고, 핸폰은 끄고 고속 터미널로 와. 함께 가자!"

새벽 첫차를 타기 위해 고속버스 터미널에서 만나기로 하였다. 미림은 전날 저녁 내가 한말을 명심하고 있었다. 두툼한 점퍼차림으로 짐을 꾸려 나왔다. 난 미림과 함께 목포행 고속버스에 올랐다. 그곳에서 예전에 답사하며 보아두었던 섬을 찾아가기로 하였다.

"언니! 무서워요."

"우린 여행을 가는 거야. 생각을 정리해 볼 필요가 있어. 잘못해서 도망가는 게 아니니까 겁낼 필요 없어. 가볍게 생각해. 혼란스런 이 상황을 잠시 피해 보는 거야. 머리를 식힐 겸. 알았지?"

"전 동생 때문에 언니는 그 사람 때문에, 정말 어이가 없네요."

"너와 나, 운명인가 보다. 매스컴은 참고인이 되어 줄 우리들에게 집중하겠지? 이 사건이 종료되지 않는 한 그들은 끈질기게 우리 뒤를 추적할거야. 그래서 참고인 조사를 받게 하겠지. 받게 되면 겁먹을 필요 없어. 우리는 잘 못한 거 없잖아. 지금처럼 우리가 아는 그대로 이야기하면 돼. 그러면 되는 거지. 미림씨도 그렇게 생각하지?"

미림은 큰 눈을 들어 고개를 끄덕였다.

"핸폰은?"

"껐어요. 언니는요?"

"나도, 잘 견딜 자신 있지? 금세 돌아가겠다고 떼쓰지 않기다."

"전 돌아갈 수 없어요. 없을 겁니다. 동생은…"

"솔직히 미림씨와 나 이상한 관계가 되었네. 가해자인지 피해자인지는 잘 모르겠지만 양 쪽의 참고인이 될 것 같고, 암튼 우리가 함께 있다는 건 기자들한테는 흥미진진한 기사거리가 되기 충분하겠지."

"그러게요. 둘 중 한 명이 상대방에게 불리한 증언, 조작된 증언을 할 수도 있겠구요."

"우린 서로 자신의 사랑하는 사람을 위해서 배신할 수 있는 관계라는 거, 그러나 잘 지내면 덜 외로울 수 있다는 거지."

"언니를 혈육처럼 따르기로 마음먹은 지 오래입니다. 언니만 따를 겁니다. 끝까지…"

"……"

"못 믿는 건 아니죠?"

나는 미림을 바라보며 애써 미소를 지었다. 어디를 가도 못 살 만큼 어리지 않았다.

"언니네 부모님은요? 가족은요? 한 번도 들어본 적이 없네요."

"난 혼자 자랐어. 고아야"

"죄송해요."

"미림씨도 남편 이야기 했잖아."

"언니! 진심으로 부탁하는데 저를 떼어놓지 말고 데리고 다녀야 해요."

"괜찮아. 조사는 시작되었고 참고인이 필요하겠지. 우리도 이대로 피해다닐 수는 없지. 참고인 조사 받게 되면 우리가 알고 있는 그대로만 이야기 하자구. 알았지?"

미림은 내게 새끼손가락을 내밀었다. 자기를 버리지 않기로 약속을 하자는 것 같았다. 나는 미림이 내미는 새끼손가락에 내 손가락을 댔다. 그때 미림의 커다란 눈에서 눈물방울이 주르륵 떨어져 내렸다. 갑자기 비참한 신세가 되었다고 생각했는지 숨 죽여 울다가 서럽게 소리 내어 울었다.

"동생에 관해 더 알고 있는 건 없나? 신문에서 읽었어. 해결사라고 하던데…"

"……"

"울지 마. 죽으러 가는 것 아니니까. 좀만 기다려 보자."

"조금 덜 무서워요. 언니가 곁에 있어서, 고마워요."

"조사 받게 되도 조금 귀찮을 뿐이지 아무 문제없어. 괜찮아. 다 잘 될 거야. 성가시니까, 죄 지은 것 없어도 잠시 피신해 보는 거야. 그리고 상황정리를 해보자. 도대체 이게 우리가 피해야할 문제인가? 아~ 나는 그렇군. 미림씨도 그러네. 동생 일이니까. 잘못 말하면 둘 다 불리해질 수 있어. 암튼 당분간 우리는 아무 것도 모르는 거야. 모른 척 하자구."

나는 차창 밖으로 눈을 돌렸다. 올해는 서해안 지방에 눈이 많이 내렸다. 차창 밖으로 지나가는 설경에 빠져보려 집중했다.

"울지 말고 밖을 내다 봐! 아름답지?"

그리고 난 눈을 감았다. 다시 불러올려진다 해도 거리낄 게 없었다. 동거가 김성진의 비리라면 한동안 세상 사람들 입에서 옮겨 다니다가, 그럴 수도 있는 거지 뭐! 뭐가 흉인가? 라며 연애사건은 사건도 아닌 것으로 끝을 볼 것이고 그로 인해 김성진의 미래를 망치게 되지는 않을 거라고 믿었다. 하지만 미림의 동생 성호는 알 수 없었다. 미림은 동생에 대해 아는 게 없어보였기 때문이었다.

"언니! 부끄러워서 말 못했어요."

"뭔데?"

"사실대로 말 못했는데…사실 동생과 죽은 남편은 오늘 조간신문에서 읽으셨지요? 해결사였어요."

"읽었어. 난 자기도 모르고 있는 줄 알았는데."

"놀라셨지요? 공무원이라고 하도 세뇌시켜 저도 그게 동생의 직업처럼 생각할 지경이었지요."

"해결사라?"

"상식적으로 풀리지 않은 일들을 이 사람들한테 의뢰하면 어떤 방법으로든 해결이 된답니다. 동생과 남편이 그렇게 말하더라구요. 혹 자기들이 객사를 하더라도 사건을 확대하지 말고 조용히 덮어버리라고 하더군요. 얼마나 못된 짓하고 다녔으면 그러겠어요? 죽어도 할 말 없는 사람들이라는 거 자신들이 더 잘 알고 있다는 거죠."

"그럼, 협박해서 남의 것 뺏는 일도 하였겠네?"

"뭔 짓은 못하겠어요? 하지 말라 해서 순순히 들을 사람들이 아니죠. 조직이 있는 모양에요. 사는 게 살얼음판이었어요. 언니니까 말하는 거에요. 그렇다고 저까지 나쁘게 보지는 말아야 해요. 그럴 거죠?"

"……"

"미안해요. 미안해요. 동생이 언니 그 사람을 해치려는 조직에 임무를 띠고 있었던 건 아닌지, 정말 미안해요."

"자기가 미안해 할 것 없어. 우린 둘 다 그 세계를 모르잖나. 조사 중이니까. 결과를 기다려 보자구."

해결사라는 직업이 맑고 깨끗한 것이 아니기에 최성호에게 여죄가 나올 가능성이 높았다. 김성진 측과의 타협은 어려울 수도 있었다. 난 떨고 있는 미림의 어깨를 꼭 안았다. 누구일까? 누가 피해자고 가해자일까. 그건 몰랐다. 둘 다 서로에게 가해자일 수도 있었고 피해자일 수도 있었다. 조사가 빨리 끝나 그 결과에 따라 우리들의 거취를 결정하면 되었다. 우리들의 신분이 노출되면 신문 일간지와 여성지 같은 잡지사에서 인터뷰 요청이 올지도 몰랐다. 그들은 남의 사생활을 파 헤쳐 대는 걸 전문으로 하는 사람들이기 때문이었다. 거기다가 어울리지 않은 사람들이 함께 다니고 있는 우리 둘의 관계도 세상 사람들은 재미있어 할 것이었다.

나는 미림이 화장실에 간 사이 공중전화로 차 기자에게 전화를 하였다. 기자실의 풍경은 안 봐도 뻔했다. 이 말 저 말, 말들이 난무하는 분주하고 번거로운 곳이다. 아무리 나만이 할 수 있는 번호를 일러주었어도 상황에 따라 통화하기가 여의치 않을 수 있었다. 하지만 통화는 의외로 빠르게 연결이 되었다. 내 목소리를 확인하자마자 친구는 소리를 버럭 질렀다.

"야! 너 바보야? 최성호 동생하고 같이 있으면 어쩌자는 거니? 네 소문 갈앉히려고 잠시 피신해 있으라 했더니 왜 그 여잔 데리고 가니? 이 사태를 어쩔꺼냐?"

"어떻게 알았지?"

"기자들이 벌써 냄새를 맡았어."

"혹시 너 특종 터뜨리려고 네가 더 바라고 있는건 아냐?"

"이게~고따우로 말 할 거니?"

"농담야. 사건이 웬만큼 밝혀질 때까지 기다릴게."

"잠깐만! 연락 끊지 말고 전화 자주 해야한다."

"알았어. 올라갈 결심하면 너한테 일착으로 알릴게"

"몸 조심해라. 현금은 넉넉하냐?"

(16)

그러나 우린 섬으로 가기 위해 배를 타기 전 이상한 사람들 같다는 주민의 제보로 경찰의 급습을 받았다. 경찰은 수상한 사람들로 이것 저것 묻다가 현재 조사중인 김성진과 최성호의 참고인이라는 걸 알았다. 경찰서 안은 갑자기 술렁거렸다. 그리고 참고인 조사로 아는 대로 답변만 하면 되는 것을 고생스럽게 왜 피해 다니느냐고 부드럽게 말을 했다. 미림은 다시 내게 미안하다고 했다. 우리는 두 대의 경찰차에 나눠 타고 서울로 되돌아 와 거주지 관할 경찰서로 인계되었다. 왜 나눠 태우냐고 했더니 자기들 마음이라고 경찰답지 않은 말로 막아섰다. 어이없었지만 지은 죄 없이 시시비비 따지고 싶지 않았다. 미림과 말 해온 대로만 답하자고 눈빛으로 약속을 했다. 그리고 이 상황을 받아들이기로 하였다.

(17)

사람은 한치 앞을 모르고 산다는 말이 딱 맞았다. 죄목도 모른 채 잡혀간 카프카의 소설 주인공이 떠올랐다. 그래도 나는 카프카의 소설 주인공 보다는 나았다. 내가 왜 여기에 와있는 지 짐작하고 있기 때문이다. 아무튼 내가 이곳에서 무슨 말을 해야 내게 이로울지, 또한 김성진에게 치명타가 되지 않을지, 머릿속을 빙글빙글 돌려 보아도 예측할 수 없는 질문에는 어떻게 대처해야할지 답이 없었다. 별 수 없었다. 내가 겪고 알고 있는 것만 털어놓자. 라고 체념하자 헤어질 때 겁을 잔뜩 먹고 있던 미림이 걱정 되었다. 미림도 나처럼 편안하게, 나한테 했던 그대로만 이야기 한다면 별 문제없이 풀려나올 것이라 믿었다. 그렇게 믿고 싶었다.

조사를 할 것 같은 경찰은 슬금슬금 내 눈치를 보며 위협적인 눈빛을 보냈다. 거짓말 하면 안 돼 알지? 그런 말이 금방 튀어나올 것만 같은 눈빛이었다. 그러나 경찰은 앉혀만 놓고 아무 질문도 하지 않았다. 그렇게 삼십 여분이 흘렀을 거라고 생각되었을 즈음 경찰서 내는 잠시 긴장하는 것 같았다. 그리고 경찰 한사람이 나를 데리고 사무실 안쪽으로 들어갔다. 이젠 조사를 하려는 가보다 하고 따라갔다. 숙직실처럼 보이는 방에 김성진이 먼저 와 기다리고 있었다. 나는 김성진의 권력을 직감했다.

"오랜만이야"

"어떻게 된 사건인지 설명할 수 있나요? 당신의 무엇을 참고하겠다고 나를 이런 데까지 끌고 오는 거죠?"

김성진은 입가에 손가락을 대고 조용히 하라는 표시를 했다.

"살인 같은 범죄에 관계되시면 안 됩니다."

"나도 알고 있어요."

김성진은 입가에 냉소를 머금은 채 말은 장난스럽게 받아 넘기려 하였다.

"난 당신에 대해서 아무것도 알지 못해요. 당신도 그걸 알잖아요."

"무슨 말이 궁금한가?"

"최성호가 상가를 내놓으라고 했어요,"

"쓰레기 같은 놈~"

"최성호 매형이 3년 전에 의문사 했다고 하던데 아는 일이세요? 최성호는 당신과 관련있는 것처럼 말하던대요."

"자넨 내가 조폭인줄 아나? 어떻게 그런 말을 믿고 질문을 할 수 있지? 쯧…"

"나도 당신의 제거 대상이 될 수도 있을 거라 했어요. 쥐도 새도 모르게 죽을 거라는 말이 두렵지 않겠어요. 보호해 줄 것 같은 당신이 바로 그 장본인이라면요. 어디까지 할 참이죠?"

"표현이 상당히 거칠어졌네. 증거 없는 말 함부로 하면 어떻게 되는지 당신 잘 알텐데."

난 김성진을 건조한 눈빛으로 쏘아 보았다.

"최성호와 어떻게 가깝게 지내게 되었나?"

"가깝지 않아요."

"그럼 어떻게 당신 상가를 알고 있지?"

"그건 당신이 더 잘 알고 있을 텐데 왜 저한테 모른 척 하죠?"

"내가 그랬었지. 나를 모함하는 말에 흔들리지 말라고, 지금은 내가 미워서 나를 음해하는 말 따위에 동조할 수 있기는 한데... 날 믿어주면 좋겠네."

"미워하지 않아요."

"궁금하고, 보고 싶고, 그래서 왔어. 당신은 아무 것도 모르잖소. 침묵하면 아무 일 없을 거요., 조심해요. 잘 가요."

조금 전 잠시 보였던 애잔한 눈빛을 이내 거두고 김성진은 손을 높이 쳐들어 보인 채 출입구를 향해 등을 돌렸다. 당연히 돌아서 갈 사람인데 사랑이 떠난 몸짓에서 전해오는 냉랭함이 냉혹하기까지 하였다. 난 진저리를 쳤다. 차라리 찾아오지 말았어야 했다고, 만나지 않았어야 했다는 생각이 들만큼 참담했다.

김성진이 다녀 간 후 경찰은 최성호와의 관계에 대해 몇 가지를 물어 본 후 돌아가도 좋다고 하였다. 김성진과의 관계는 한 가지도 묻지 않았다. 조사할 게 있으면 지금처럼 참고인으로 다시 부를 수가 있으니 멀리 가지 말고 가능하면 집에 가서 있으라고 하였다. 나는 경찰의 도움으로 기자들에게 들키지 않고 경찰서를 무사히 빠져나올 수 있었다. 나오자마자 차 기자에게 전화를 해 만나자고 하였다.

"집으로 갈 수가 없어. 기자들이 몰려올까봐."

"어디로 가니? 우리 집에 와 있을래? 아~있다. 대부도에 살고 있는 사촌 언니한테 가 있어. 서울에서도 가깝고 괜찮겠다. 그치? 언니 혼자 지내. 가 있어도 괜찮아."

"정말 괜찮을까?"

"촌에 사시는 분야. 순진하신 분이지. 거기밖에 없다. 일단 거기로 가 있다가 기회를 보자. 이 일이 어떻게 마무리 되는지. 암튼 언니한테 전화 해 놓을께"
"고맙다. 차 기자!"

(18)

김성진의 혼전 사실혼과 부의 축적, 그리고 해결사 최성호의 정치적 협박과 매형의 비명횡사 등 까지 어떤 연관성을 가지고 있는가에 대해 신문과 방송은 연일 집중 보도했다. 더욱이 김성진과의 사실혼 관계였던 여자는 무혐의로 풀려난 것에 촉각을 세웠다. 난 차 기자와 헤어지는 즉시 차 기자 사촌 언니가 살고 있는 대부도로 갔다. 미림이 걱정이 되었다. 어린 나이에 남편도 잃었고 하나밖에 없는 동생이 구속 수사되는 불운을 겪고 있는 게 안타까웠다. 하지만 수사는 점점 더 깊이 진행되고 있었다. 어느 케이블 방송은 차기 대선 후보인 김성진의 편을 들어주고 싶은지 최성호와 관련된 정당의 음모를 의심하는 듯한 분위기가 담긴 토크쇼를 하고 있었다. 미림의 남편 죽음에 대해서도 재수사 중이라고 하였다. 김성진의 사생활을 미행해오 던 중 살해되었는지 이 죽음에 아내였던 미림이나 그녀의 동생 최성호가 관련되어있는지 조사 중이라고 하였다. 누구의 사주를 받고 김성진을 위협하려하였는지, 최성호의 뒤가 밝혀지면 미궁에 빠진 그 사건의 진실도 드러날 것이라는 예측도 하고 있었다. 그러나 미림이 경찰조사에서 빨리 나오지 못하는 걸로 보아 참고인에서 피의자의 신분으로 바뀐 듯 했다. 난 내가 믿고 있는 미림에 대해 다시 생각해 보았다. 그리고 아무리 사람 속은 알 수 없는 거라고 하여도 미림이 신혼여행지에서 남편을 죽일 만한 이유가 있겠는지 납득이 가지 않았다.
"차 기자! 이건 조작야!"
"수사 발표가 곧 있을 거니까 일단 기다려보자!"

(19)

최성호가 조사를 받던 중 화장실에서 자신의 허리띠로 목을 감아 자살을 했다는 뉴스를 보고 난 많이 놀랐다. 예전에는 억울하다고 무죄를 주장하며 죽곤 하였지만 요즘은 배후를 지키기 위해서거나 죗값을 받기 싫어 죽는다. 최성호의 자살은 후자 쪽에 속할 것이라는 생각이 들었다. 조직의 지시를 받고 매형까지 죽였다는 진술을 하곤 최성호는 자살로 마무리 했다. 최성호가 말하는 그 조직에 대해선 알아낸 것이 없는 듯 하였다. 언론은 최성호가 타살인지를 밝혀야 한다고 떠들었다. 남을 협박하며 살아왔기 때문에 또한 그를 해칠 조직이 있을 건 뻔하기에 해결사 최성호의 죽음을 확실하게 밝혀야 한다고 했지만. 어쨌든 그는 해결사 라는 직업 때문이라도 범죄자일 가능성이 컸다. 최성호의 죽음은 분명히 의혹을 남길 만 하였지만, 여론이란 냄비처럼 끓다가 금세 사라지거나 잊어지게 마련이었다. 사건의 진짜 주역들은 그걸 기다리고 있다가 잊어질만 하면 다시 대중 앞에 나타나 정의가 어떻고 적폐가 어떻고 하면서 대중을 현혹시킨다. 세상 사람들은 김성진의 여자관계에 흥미를 갖기 시작했다. 한방에 날려버릴 수 있는 비리 찾기 중에 여자관계는 김성진 정치 생명에 치명적일 수 있었다. 김성진이 대선에서 이기거나 지거나 정적들은 그악스럽게 나를 찾아내려할 것이다. 어쨌거나 나는 언제든지 그들의 우스갯거리가 되어 시달릴게 틀림없었다. 차 기자가 건네 준 차 기자 사촌 언니 집으로 가 잠시 머물러 보기로 하였다. 미림이 염려되었지만 내가 해 줄 수 있는 게 없었다. 안타깝게 기다리고 있을 뿐이었다. 미림이 참고인으로 들어가 피의자 조사를 받고 있는 이유는 남편의 의문사 때문이라고 하였다. 동생 최성호는 미림이 조사를 받고 있다는 것을 전해 들 은 것 같았다. 누님의 남편을 죽인 것도 자기고, 김성진의 동거녀였던 사람을 협박해 김성준이 해준 상가를 빼앗으려고 한 것도 자기라고 자백한 후 자살을 하는 바람에 미림은 무혐의로 풀려나올 수 있었다. 미림의 무혐의가 뉴스로 보도 된 지 며칠 안 있어 미림은 나를 찾아왔다. 미림은 나와 차 기자와의 관계를 이미 알고 있었다.

"언니 밖에 생각이 나지 않아서요. 이렇게 찾아와서 미안해요."

나는 미림을 끌어안으며 눈물을 삼켰다. 미림은 내 어깨에 기댄 얼굴을 떼지 못한 채 울먹이다가 내가 등을 토닥거리자 참았던 눈물을 쏟아내기 시작했다. 난 아무 말 없이 미림의 울음이 수그러들 때까지 기다렸다.

"동생 일은 정말 마음 아파,"

미림은 고개를 떨어뜨린 채 입을 꼭 다물었다.

"언니 얼굴 봤으니까 됐어요. 갈게요."

"어디로"

"아무데나…"

"커피숍으로?"

"아뇨. 김성진씨가 경찰서로 찾아왔었어요. 동생의 죽음에 대해 조의를 표해 주셨어요."

"자신을 위협한 사람의 누나를?"

"언니를 부탁하시더군요. 언니와 잘 지내기를 바란다고 해서 좀 놀랐어요. 하지만 전 언니 곁에 있을 수 없어요. 언니까지 위험하게 만들 수 없어요."

"그 사람이 날 어쩌라고 했는데?"

"……"

"넌 지금 왔어. 휴식이 필요해 좀 쉬자. 쉬고 생각해보자."

차 기자에게 전화를 했다.

"차 기자! 혹 내가 사라져버리면 자살이 아니라는 것을 증명해줘라."

"왜? 왜 그래?"

"김성진 선거운동 하러 가야겠다."

"에이~ 쓸데없는 소리 하지 말고 차라리 날 도와주라. 너를 어쩌나 생각했었는데 지금에서야 머리가 돌아가네. 내가 널 채용할게."

"그 월급에 사조직까지 키우려고? 무보수는 안 된다."

"너를 위해 사재 좀 털지 뭐!"

"아하~그래? 좋았어."

김성진은 내게 침묵해주길 원했지만 앞으로 난 내 기질대로 살아갈 것이었다. 얽혀있는 관계들, 김성진과 최성호, 그리고 미림의 남편의 죽음까지 난 풀어야할 숙제를 한 아름 떠안은 느낌이다. 갑자기 생겨버린 이 사명감은 몸 안의 피돌기를 뜨겁게 자극했다. 난 이쯤에서 미림과 헤어지기로 하였다. 미림은 커피숍으로 돌아가겠다고 하였다. 앞으로 온전하게 남아있을 커피숍인 줄은 모르겠지만 아직까지는 아무런 법적조치가 없었다. 미림과 함께 에스카레이타를 타고 올라와 미림의 가게 앞까지 왔다. 차 한 잔 하고 가라는 미림의 말을 등 뒤로 남긴 채 돌아섰다. 문이 닫혀있는 액세서리 가게 쪽을 바라보았다. 파파라치 같은 기자들이 어딘가 숨어 나를 노리고 있는 것만 같아 얼른 몸을 돌렸다. 조금도 지체하고 싶지 않았다.

"언니! 잠깐만 시간 내줘요."

난 되돌아서 미림에게 다가갔다. 미림은 커피숍 문에 등을 댔다. 그리고 주위를 둘러보았다.

한가한 시간이었다. 몇몇 사람들의 움직임만 눈에 띄었다.

"왜?"

"동생이 내 죄를 지고 갔어요."

"응?"

"김성진씨는 알고 있더라구요. 나라는 것을...침묵하라고 했어요. 옳지 않은 거 알지만 산 자는 살아야 한다고."

난 놀라 소리치고 싶은 것을 이성으로 눌렀다. 누가 들을까 염려되었다. 나도 모르게 목소리를 낮췄다.

"왜 말을 하는 거야? 죽을 때까지 하지 말았어야지."

"언니한테는 말 하고 싶었어요."

별안간 난 미림이 고백하는 게 더 두려웠다.

"그래도 넌 죽지 마라."

"죽고 싶어."

"왜 그런 짓을 했어!"

최성호처럼 죽게 될까봐 죽지 마라 했었는데 그 말이 금세 후회가 되고 미웠다.

"그럼 미림씨도 동생하고 같은 해결사 조직에 있었던 건가?"

"아니에요. 안 그래요."

"그럼 왜 사람을 죽여? 그것도 남편을? 딴 남자 있었던 거야?"

나는 목소리를 최대한 작게 줄여 미림을 향해 독기를 내뿜었다.

"그만해! 그만하세요. 막연히 싫었어요. 아니 소름끼치게 싫었어요. 이유는 그것 뿐에요."

"그게 이유가 돼? 헤어지면 되지."

"그들은 조직을 갖고 있는 해결사들에요. 순순히 헤어져 줄 사람이 아니라는 거 알잖아요. 협박 받고, 싫어지고, 무섭고…나도 그들이 하는 식대로 안 되면 극단의 방법을…선택했어요."

"그게 사람을 죽일 이유가 된다고 생각해?"

"그 이상 말 하지 않을래요. 언니한테 말하고 싶었어도 못한 거 이해하세요. 이런 말을 어떻게 하겠어요. 됐어요. 이젠 가세요!"

"언니라고 부르지도 마! 네가 무서워……"

진저릴 치며 미림에게서 물러났다. 너도 죽일 수 있어. 라는 고백처럼 들렸다. 난 서둘러 지하철 승강장으로 내려가 차 기자와 만날 장소로 가기 위해 지하철을 탔다. 참고인이었을 뿐이었던 내가 나와는 무관한 사건 속에 깊숙이 들어 와 있다는 생각이 들었다. 그리고 그것들을 알아내기 위해 너무 먼 길을 선택하려 한다는 아쉬움이 없지 않았다. 하지만 지금까지 일어난 사건의 진실은 아무데도 없었다. 난 누군가가 깔아 놓은 거짓 속에 빠져 헤매고 있었다. 미림의 고백도 마찬가지였다. 스스로 알아내는 것 외에는 믿을 수가 없었다.

— 논을 넓혀 연을 심는 못을 만드는 사람은 그 집안이 번창하고, 연 심은 못을 돋워 논으로 만드는 사람은 그 집안이 반드시 쇠미해진다. —

벼 몇 포기 심어 얻는 쌀 몇 말보다 연꽃을 심어 감사하며 얻는 정신의 여유가 더 소중하고 값지다는 다산의 지혜가 담긴 말씀입니다. 먹는 것만 탐하며 산다면 우리는 동물과 하등 다름이 없습니다. 모름지기 인간이라면 문화를 겸한 예술을 끼고 살아야 한다는, 예술이 우리에게 왜 필요한가를 간단하게 알려주는 고귀한 정신입니다. 22호 출간은 천년고도 경주에서 실시합니다. 행사에 힘써주신 류인복 선생님께 고마움을 표합니다. 미리 인사를 드립니다. 새해 복 많이 받으십시오. 〈동화작가 정이식〉

완장의 마법
대한 사이버문학
제22호 2014

인 쇄 일 : 2014년 11월 1일
발 행 일 : 2014년 11월 3일
지 은 이 : 대한사이버문학회
편집주간 : 서혜원
편집위원 : 정이식 류인복 이상야 천홍자

http://cafe.daum.net/hankuk2003
▸ 구독신청 및 광고문의 : cryingbird50@hanmail.net
H.P 010-9705-7906
▸ 정기구독료 및 도서신청 입금 계좌번호
예금주 : 국민은행(서혜원) 056-21-0024-343

조판 · 인쇄 : 오늘의 문학사
대전 동구 대전로 867번길 52 (삼성동)
☎ (042) 624-2980
✉ hs2980@hanmail.net

ISBN 978-89-5669-647-8
값 12,000원

*이 도서의 국립중앙도서관 출판시도서목록(CIP)은 서지정보유통지원시스템 홈페이지(http://seoji.nl.go.kr)와 국가자료공동목록시스템(http://www.nl.go.kr/kolisnet)에서 이용하실 수 있습니다.